SEGLERS TRICKKISTE DREI 3

Seglers Trickkiste Drei

Tipps und Tricks für Segler

mediamaritim
international

Text und Redaktion: Klaus Bartels
Zeichnungen: Designhelden, Ralf Christe
Gestaltung: Ursula Duscha
Satz: @d-cetera
Fotos: Klaus Bartels
Druck und Bindung: Drogowiec, Polen
1. Auflage November 2005
4.000
ISBN 3-934919-00-3

Klaus Bartels, Jürgen Duscha
Schmalegger Straße 47
88213 Ravensburg
www.mediamaritim.de

INHALT

VORWORT 9

CHARTERKISTE 10

Gegen Mückenstiche 12
Gefäß für alle Fälle 12
Von Anfang an geradeaus fahren 13
Scheuerschutz bei wenig Wind 14
Effektiv umgelenkt 14
Selber checken

RIGGTIPPS 16

Einzel-Latte 18
Vorsegelfall am Mast gesichert 18
Blisterrolle aus dem Baumarkt 19
Weg mit den Lazy Jacks 19
Nachrüstbarer Holepunktversteller 20
Dirkstraffer 21
Halbe Kraft für die Genua 22
Drittes Reff ganz einfach 22
Drittes Reff im Groß komfortabler 23

UNTER DECK 24

Nasses Ölzeug trocknen 26
Staubfänger 26
Gasflasche ohne Rost 27
Sicherer Halt 27
Geruchskiller 28
Kühl und praktisch 28
Mülltüten statt Mülleimer 29
Fußmatten statt Teppichboden 29
Geschirrsicherung 30
Geldkassette als Waffensafe 30
Gute Luft für wenig Geld 30
Stromwächter 31
Notebook auf dem Navi-Tisch 31

BEIBOOT UND TRAILER 32

Gewichtstrimm im Schlauchboot 34
Außenborderplatz 34
Lange Leine für den Trailer 35
Eingebaute Rangierhilfe 35
Schlauchboot als Schlepper 36
Mit Kriechöl gegen Teer 36

MANÖVER 38

Lange Achterleinen zum Ablegen 40
Einhand ablegen 41
Sicher mit nur einer Achterleine 41
Leichter anlegen 42
Barberholer für den Blister 42
Bojenmanöver einhand 43
Fangleine für Fingersteg 43
Steifer Festmacher 44
Eindampfen in die Spring 44
Trimmfäden für das Groß 45
Anker für kleinen Schojenkreis 45

Sicherheit 46

Rettungskragen griffbereit 48
Mann-über-Bord-Manöver 48
Ankerboje, aber richtig 49
Immer am selben Platz 49
Im Dunkeln glänzen 50
Rutschsohlen ade 50
Schienbeinschoner 51
Lange Leine für alle Fälle 51
Keine Überläufer auf der Winsch 52
Sichere Positionslaterne 52
Treppenlicht 53
Schäkelsicherung ganz einfach 53

Leichter leben 54

Ölwechsel 1 56
Ölwechsel 2 56
Heben mit Fallen 57
Möwendreck geht einfach weg 57
Schalldämpfung im Cockpit 58
Persenning rollen 58
Strom sparen 59
Entschärfte Travellerschiene 59
Quietschefender 60
Tiefenkontrolle 60
Trockenes Cockpit 61
Gläser bleiben heil 61
Mehr Licht unter Deck 62
Stolpergefahr ade 62
Winterlager ohne Schrammen 1 63
Winterlager ohne Schrammen 2 63
Gangway ohne Lärm 64
Angelsehne gegen Vogeldreck 64
Saubere Vorschot 65
Wasser vor dem Tanken 65
So bleiben Lacke länger einsatzfähig 65
Wasserverbrauch kontrollieren 65

Einfach selber machen 66

Lochgräting 68
Relingsstütze als Fenderhalter 68
Armverlängerung 69
Trockenrasur 69
Knarrgeräusche ade 70
Bremsklotz hält Kurs 70
Seekarten-Schnellsuche 71
Ruhigsteller im Hafen 71
Stromkontrolleur 72
Alu-Leiter als Gangway 72
Fenderbrett als Gangway 73
Elektronische Seekarte im Cockpit 73
Hitzeschild als Lampenhalterung 74
Mehr Stauraum 74
Glasluken-Verdunkelung 75
Mückenschutz für Decksluken 75
Luft ins Schiff bei Regen 76
Sichere Muringleine 76
Heckkorbsitz aus Holz 77
Beschlagmontage Sandwichdecks 77
Wetterschutz fürs Motorpaneel 78
Rückenlehne für den Steuermann 78

Unorthodox 80

Fett auf den Propeller 82
Notmotor 82
Universeller Bootshaken 83
Zitrone statt Essig 83
Weicher sitzen 84
Flügelmutterhaken 84
Wurfleine mit Gummiring 85
Logbuch aus dem Internet 85
Heckspiegel für Kühlwasser 86
Einfache Fußbodenheizung 86
Rotlicht für die Nacht 87
Schwalbennest-Ersatz 87

Standards 88

Schleppen eines Schlauchboots 90
Windstärke und Segeldruck 90
Wie weit reicht ein UKW-Funkgerät? 91
Kreditkarte für die Reparatur 91
Wasserfeste Seekarte 91
Leistungsüberprüfung 92
Angelsehne gegen Vogelkot 92
Scheinwerfer für den Bug 92
Knotensicherung mit Nagellack 93
Schleusentricks 93
Frostschutz durch Wodka 93
Einwegspritze als Mischmaschine 94
Weniger See bei achterlichen Winden 94
Kleines Tauwerk-Lexikon 94
Die Mittelmeerwinde 95
Sichtweite und Horizont 98
Zeichen für zunehmenden Wind 99
Windgeschwindigkeiten 99

Vorwort

Für mehr Sicherheit, Komfort und Effektivität an Bord.

Die Sportboothäfen an der Küste und im Binnenland präsentieren sich als wahre Erfindermessen. Wer die Stege abschreitet und aufmerksam die Ausrüstung und das Zubehör einzelner Boote und Yachten betrachtet, stößt auf eine ungeahnte Kreativität. Eigner sind anscheinend stets auf der Suche, an ihren Booten etwas zu verbessern. Anders ist die Fülle an Ideen nicht zu erklären.
Es geht den Skippern genauso um die Sicherheit an Bord wie um einen größeren Komfort und mehr Effektivität beim Segeln. Dass dabei manchmal Ideen verwirklicht werden, deren Sinn erst beim zweiten Blick deutlich wird, zeigt, dass auf den Booten heftig nachgedacht wird.
Viele dieser Dinge, auch unorthodoxe Problemlösungen, sind in der Trickkiste 3 gesammelt. Einzug in das Buch fanden jedoch auch die meisten Tipps und Tricks, die uns Segler und Motorbootfahrer geschickt haben, nachdem sie die ersten beiden Bände gelesen hatten.
Diese Wassersportler haben Interesse, dass andere Boots- und Yachteigner auch ihre Einfällen nutzen können und unterstützen so die Grundidee dieses Buches, spezielles Wissen weiterzugeben, damit auf möglichst vielen Booten, Sicherheit, Komfort und Effektivität gesteigert werden können.
Übrigens: meistens muss dafür nicht einmal viel Geld ausgegeben werden. Aber das werden Sie beim Lesen des Buches schnell merken und sich vielleicht an eine ganz normale Unterhaltung mit ihrem Stegnachbar erinnern, denn da geht es meistens auch um Boote, Yachten, Ausrüstung und wie man etwas verbessern kann.

Klaus Bartels

Charterkiste

Chartercrews haben in der Regel weniger Erfahrung als Segler auf Eigneryachten. Grund genug, ihnen ein Kapitel in dem Buch zu widmen. Allerdings kommen auch alte Salznacken auf ihre Kosten, denn sie stehen beim Chartern genauso vor einem fremden Boot, wie die wenig geübten Chartercrews. Es gibt viele Tricks, wie Chartertörns von Anfang an zur sorglosen, und erholsamen Ferienreise werden können.

Gegen Mückenstiche

Auf fast allen Segelrevieren der Welt gibt es sie, die kleinen Stechmücken, die dem Schläfer an Bord das Leben schwer machen können. Wer Frischluft beim Schlaf braucht und auf den Besuch der Plagegeister verzichten will, sollte immer rund einen Quadratmeter einfache Insektengaze dabei haben. Das Stückchen „Stoffgitter" passt auch in jedes Fluggepäck. Niedergänge oder Lucken lassen sich mit der Gaze und eventuell einfachen Wäscheklammern oder Tape mückendicht verschließen.

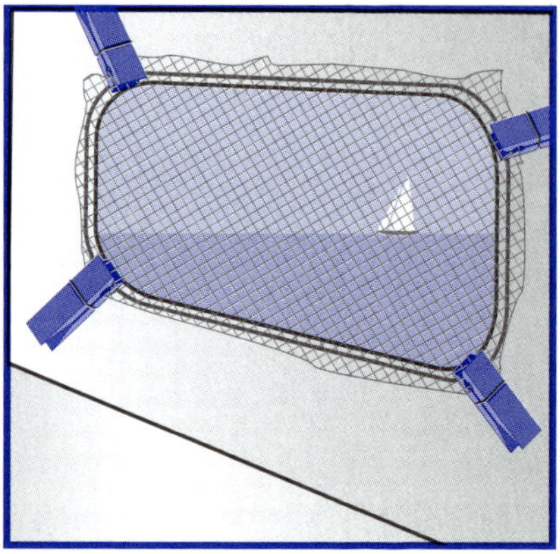

Gefäß für alle Fälle

Für welchen Zweck die rechteckige 30 x 40 Zentimeter große und etwa 20 Zentimeter hohe Kunststoffbox einmal hergestellt wurde, ist egal. Chartersegler versehen sie mit zwei Haltegriffen aus Leinen und nehmen sie zu schlecht ausgerüsteten Charteryachten mit. Auf dem Flug zur Yacht dient die Box auf dem Boden einer Reisetasche oder des Seesackes als Schutzraum für empfindliche eigene Ausrüstungsgegenstände wie Fernglas und Hand-GPS.

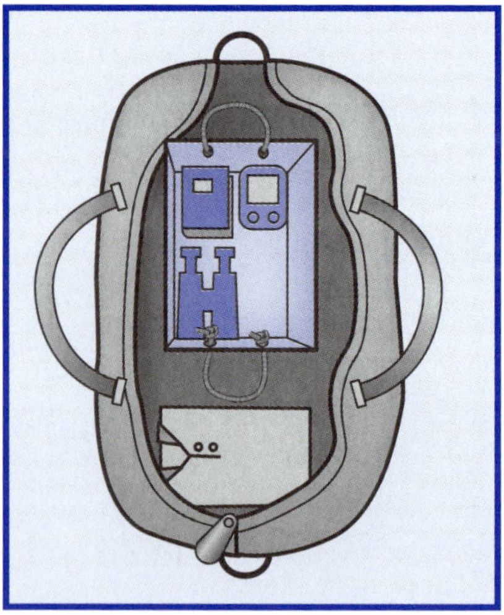

An Bord sind ihre Einsatzmöglichkeiten groß, die sich von der Pütz, kleinem halbkardanisch aufgehängten Cockpittisch bis hin zum Schwalbennest im Cockpit erstrecken kann und der robuste Kunststoffkasten eignet sich sogar als „Schlachtbank" für geangelte Fische.

Von Anfang an geradeaus fahren

Die meisten Charteryachten haben ein Steuerrad und da weiß der Ruder-

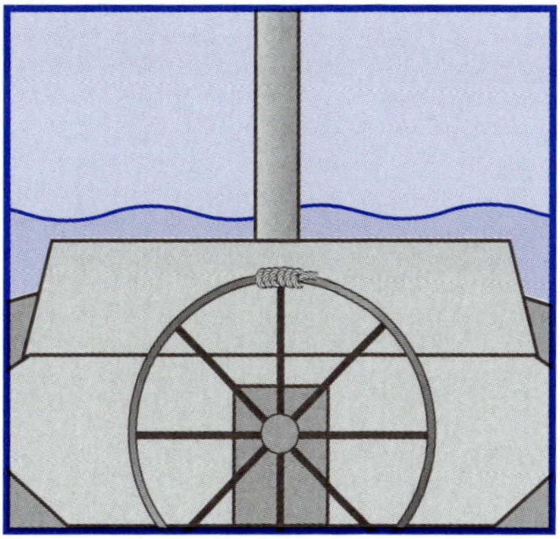

gänger in der Regel nie, wo die Stellung für die Geradeausfahrt ist. Hilfreich ist da ein wenig Tape, das man zur Orientierung sozusagen in Nullstellung oben auf das Rad klebt. Eigneryachten haben in der Regel eine sogenannte Nullmarke. Auf Charteryachten sollte ein Mitsegler noch vor der Abfahrt vom Anleger aus das Ruder beobachten und dem Steuermann, der das Ruderrad hin- und herdreht sagen, wann das Ruderblatt direkt mittschiffs steht. Eine genaue Fixierung des Tapes

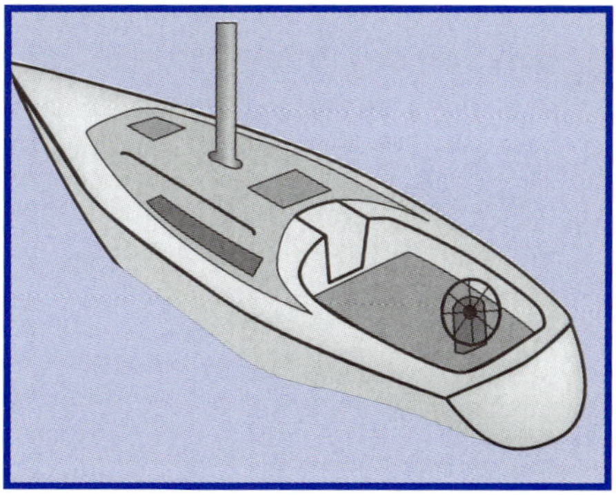

in Nullstellung ist allerdings erst nach dem Ablegen möglich. Der Rudergänger muss einfach ausprobieren, wann die Yacht geradeaus fährt.

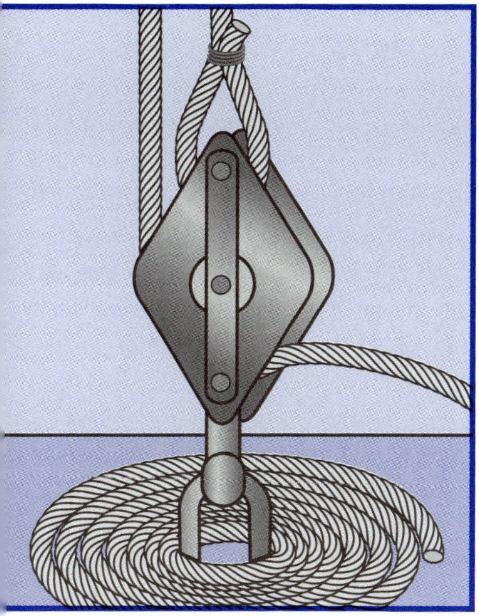

Scheuerschutz bei wenig Wind

Auf Charteryachten fehlt in der Regel alles, was an kleinen Helfern das Leben an Bord erleichtert. Man muss das nutzen, was vorhanden ist. Zum Beispiel einen Festmacher bei Schwachwindfahrten vor dem Wind, wenn der Fußblock der Großschot hin- und herschlägt. Der Festmacher wird als Schnecke sauber um den Fußblock gelegt. Es ist so nicht nur leiser, der schlagende Block kann auch das Gelcoat nicht mehr beschädigen.

Effektiv umgelenkt

Zwei, drei Blöcke und ein paar Schäkel gehören in jede Charterkiste, die eine Crew mitbringen sollte, wenn sie eine Yacht mietet. Jeder, der schon einmal gechartert hat, weiß, dass die Vercharterer damit geizen. Block und Schäkel an der Außenkante der achteren Unterwant oder der Oberwant angeschlagen und zur Umlenkung der Schot auf raumen und achterlichen Kursen genutzt, bringen mehr Speed, denn das Vorsegel steht nicht nur besser, es zieht auch besser.

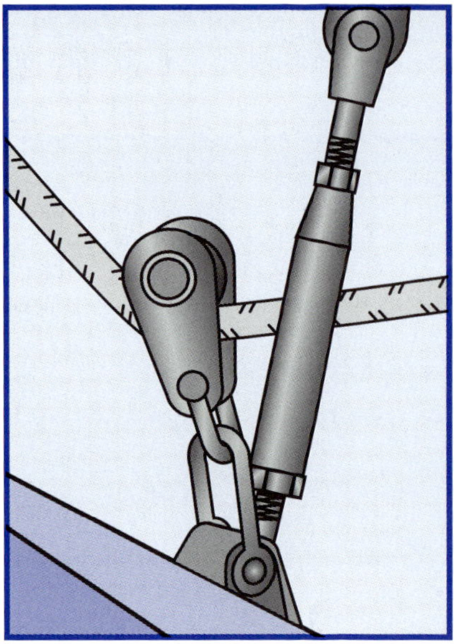

Selber checken

Vercharter überprüfen mit Hilfe von Tauchern in der Regel die Charteryacht nach dem Törn. Der Charterer weiß allerdings nicht, ob eventuelle Schäden bereits vorhanden waren als er die Yacht übernommen hatte.

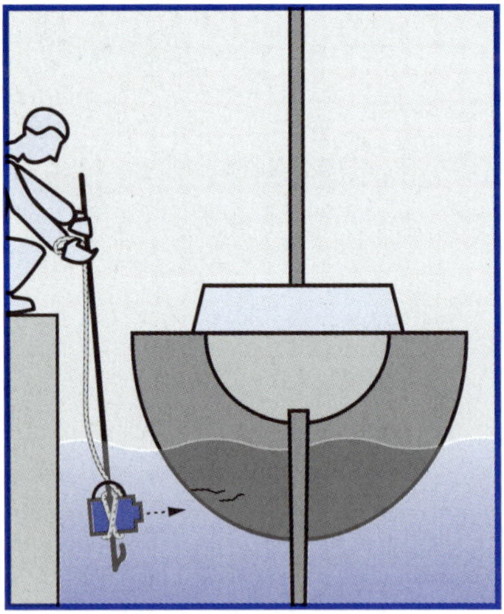

Wer eine Digital-Video-Kamera mit wasserdichtem Gehäuse hat, kann sich vor dem Törn vom Zustand des Unterwasserschiffes überzeugen, ohne dass er im schmutzigen Hafenwasser tauchen muss. Mit Hilfe eines langen Bootshakens, an dem die Kamera befestigt wird, kann das ganze Unterwasserschiff in Augenschein genommen werden. Es empfiehlt sich allerdings, das Gehäuse mit einer zusätzlichen langen Leine zu sichern. Wird irgendetwas bei der späteren „Filmvorführung" entdeckt, kann es gleich dem Vercharterer vermittelt werden.

RIGGTIPPS

Das Rigg ist der Motor des Segelboots. Hier entscheidet sich der Speed, und hier entscheidet sich auch ob eine Yacht mit einem viel schlechteren Yardstick-Wert an einem vorbei zieht.

Kein Wunder, dass gerade über diesen Bereich viel nachgedacht wird. Es geht jedoch nicht nur um den optimalen Vortrieb, sondern auch um den Bedienungskomfort der Segel.

Einzel-Latte

Als einen preisgünstigen Kompromiss zwischen einem konventionellen und einem Latten-Groß gibt es die Möglichkeit, ein Großsegel mit nur einer durchgehenden Latte vom Segelmacher herstellen zu lassen. Diese Latte stützt das Achterliek oben im Bereich seiner größten Rundung. Weiter unter werden kurze Latten und einfache Rutscher verwendet. Ein Großsegel dieser Art steht vor allen Dingen bei wenig Wind besser als eines ohne durchgehende Latte.

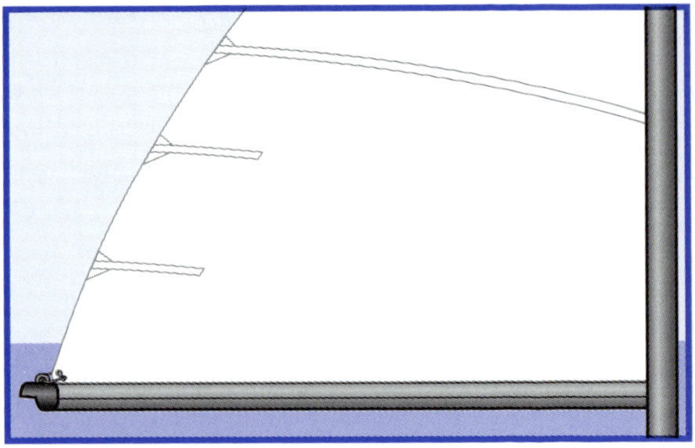

Vorsegelfall am Mast gesichert

In der Standardausrüstung der meisten Yachten sind Belegmöglichkeiten von nach achtern ins Cockpit geführten Fallen und Streckern beschränkt. Da ist der Skipper froh, wenn ein Fallenstopper frei wird. Bei dem Fall des Rollvorsegels hat man die Möglichkeit, eine selten genutzte Trimmmöglichkeit nach dem Durchsetzen aus dem Cockpit zu verbannen. Dafür wird auf der Seite, auf der das Fall im Mast läuft in etwa 1,50 Meter Höhe ein Fallenaustritt in den Mast gebohrt.

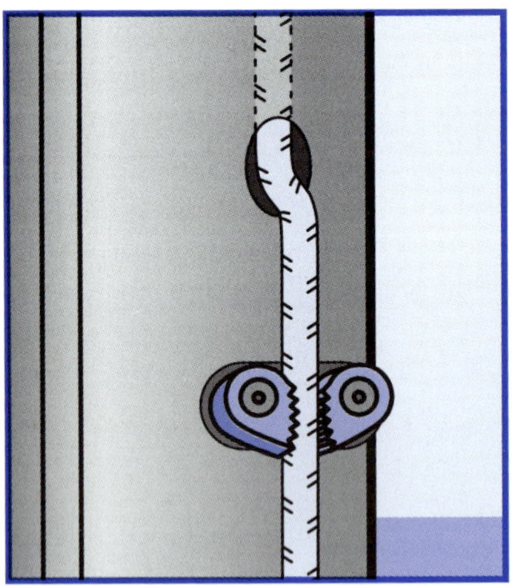

Auf dem Weg außerhalb des Mastes, den das Fall jetzt zum Umlenkblock am Mastfuß nimmt, wird in der Mitte der Strecke eine für die Fallstärke passende Tauklemme angebracht. Sie sollte ihren Platz wenige Zentimeter neben dem vorgeschrieben Verlauf des Falles haben. In dieser Klemme kann das Fall nach dem Durchsetzen auch auf Dauer fixiert werden.

Blisterrolle aus dem Baumarkt

Der Blister wird heute fast auf jedem Segelboot mit Hilfe einer teuren Blisterrolle am zusammengerollten Vorsegel angeschlagen. Es geht sehr viel preisgünstiger, ohne dass der Skipper dabei ein genialer Bastler sein muss.

Grundlage der Blisterrolle, die in Heimarbeit entsteht, sind zehn große Holzkugeln, die es in Bastelabteilungen von Kaufhäusern oder Baumärkten gibt. Sie werden durchbohrt und mit einer kräftigen Leine, auf der sie rollen können, zusammengeführt. Ihr Abstand wird durch Knoten in der Leine bestimmt, über die sie nicht rutschen können. In die Enden spleißt man Augen, die mit einem Karabinerhaken zusammengehalten eine Blisterrolle ergeben. Soll sie abgenommen werden, wird einfach ein Auge aus dem Karabinerhaken ausgeklinkt.

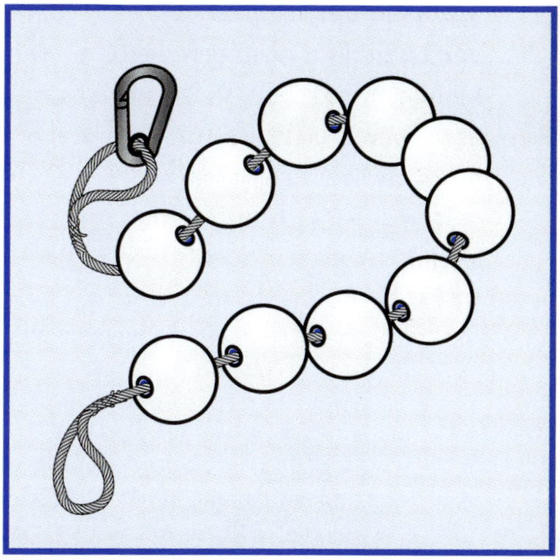

Weg mit den Lazy Jacks

Lazy Jacks findet man mittlerweile auf vielen Yachten. Sie sind beim Bergen des Großsegels eine große Hilfe. Bleiben sie nach dem Segelsetzen stramm gesetzt, stören sie allerdings das Profil des Segels. Lockert man sie, dann schlagen sie ständig gegen das Groß. Viele Segler scheint es nicht zu stören, dabei ist eine Abhilfe schnell möglich. Die Lazy Jack-Leinen werden hinter die Haken des Lümmelbeschlags gehängt und dann durchgesetzt. Damit sie bei mehr Wind nicht am Mast klappern können, empfiehlt es sich, sie vor den Mast zu führen und sie von vorne über Kreuz am Lümmelbeschlag zu fixieren.

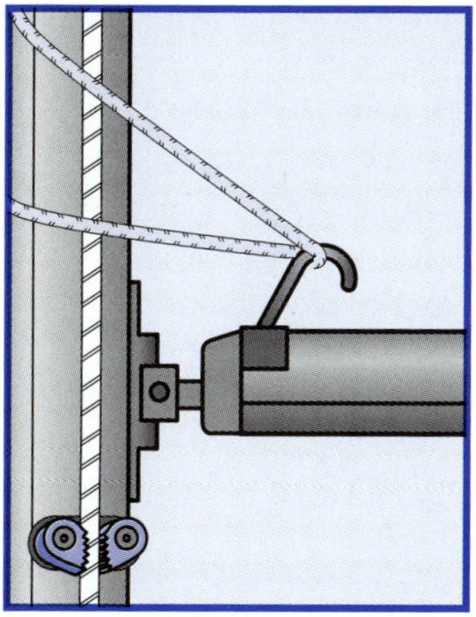

Nachrüstbarer Holepunktversteller

Das Problem ist der nach dem Reffen des Rollvorsegels falsche Holepunkt, der auf älteren Yachten nur durch direktes Eingreifen per Hand am Schlitten und damit nur mit dem Verlassen des Cockpits möglich ist. Die Lösung bringen vier Schotwagenstopper für die Backbord- und die Steuerbordgenuaschienen sowie vier Endstücke für Genuaschienen mit Umlenkrollen und vier Leinen. Wichtig ist es, die Stopper genau dort auf den Schienen zu platzieren, wo der von seiner Stoppmöglichkeit befreite und dadurch bewegliche Schotwagen seinen optimalen Platz einmal für die ausgerollte und dann für die gereffte Rollfock hat. Dabei verhindern die Stopper, dass der Schlitten zu weit nach achtern oder zu weit nach vorn rutschen kann. Der Schotwagen erhält dann jeweils eine Leine, die zum Endstück nach vorn und zum Endstück nach achtern geführt wird. Diese Leinen führt man durch die Umlenkrollen ins Cockpit, wo eine Möglichkeit vorhanden sein muss, sie zu belegen. Wird die Rollfock gerefft, löst man die Leine der achteren Umlenkrolle und holt die vorderen dicht und belegt sie. Der Schotwagen kann so seine neue Position einnehmen.

Wer etwas mehr Geld beim Yachtausrüster ausgibt und sich kugelgelagerte Schotwagen und Umlenkrollen anschafft, macht sich das Leben beim Holepunktverstellen noch einfacher, er benötigt weniger Kraft.

Dirkstraffer

Die Dirk muss beim Segeln lose sein, damit sie nicht den Baum hebt. Das dann anstehende Problem: Sie schlägt ständig in das Segel, was schon nach kurzer Zeit nervt. Die Lösung bringt ein dünner, etwa einen Meter langer Gummistropp mit nicht zu viel Zug. Er wird mit einem Schäkel oder Karabinerhaken am Ende des Baumes angeschlagen und mit dem anderen Ende an den Endschäkel der Dirk geknotet. Jetzt wird die Dirk so weit dicht geholt, bis sich das Gummi strammt. Die Dirk kann so nicht mehr schlagen. Wenn die Dirk nach dem Segeln dazu benutzt wird, den Baum höher zu ziehen, befestigt man sie wieder mit ihrem Schäkel am Baum. Der Gummistropp wird so entlastet und kann nicht so schnell ausleiern.

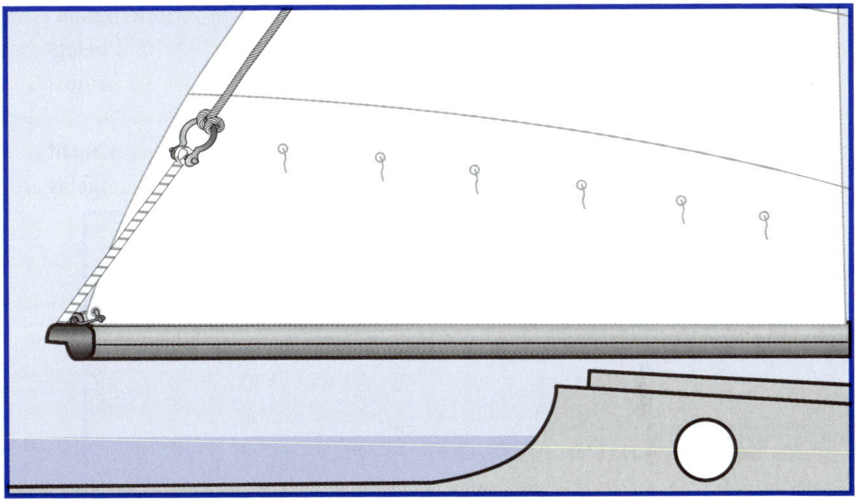

Halbe Kraft für die Genua

Beim Dichtholen der großen Genua bei viel Wind kommen auf Kreuzkursen auch körperlich starke Vorschoter leicht ins Schwitzen. Die Zugkräfte auf der Winsch können erheblich sein. Halbieren kann man sie durch einen Block an der Segelkausch, sowie jeweils einem Schlitten mit Auge für die Genuaschienen und verlängerten Schoten. Es entsteht so eine Art Flaschenzug. Die Schoten werden jeweils an Backbord und Steuerbord an die Schlitten, die auf den richtigen Holepunkten sitzen, fest angeschlagen, dann durch den Block am Segel geführt und von dort zu den zweiten, achterlich sitzenden Schotwagen geführt. Von hier nehmen die Schoten ihren üblichen Weg zu den Winschen im Cockpit.

Drittes Reff ganz einfach

Großsegel haben in der Regel zwei Reffmöglichkeiten. Das manchmal notwendige dritte Reff lassen sich viele Skipper nachträglich einnähen. Schwierig wird es dann häufig, das dritte Reffauge am Lümmelbeschlag einzuhaken, da viel Tuch auf dem Großbaum liegt. Ein großer Schnapp-Karabinerhaken, der an einer kurzen, ans dritte Reff angepassten Leine befestigt und die auf der anderen Seite im Lümmelbeschlag verknotet ist, sorgt für Abhilfe. Am Achterliek kann das dritte Reff übrigens mit Hilfe des Achterliekstreckers und einer Leine, die um den Baum herum durch das Reffauge geführt wird, gehalten werden.

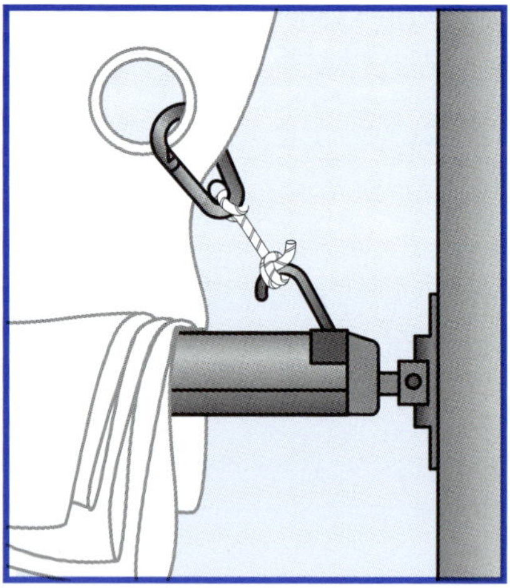

Drittes Reff im Groß komfortabler

Viele Eigner lassen sich sicherheitshalber ein drittes Reff ins Großsegel nähen. Wenn es dann wirklich einmal benötigt wird, beginnt das große Umstecken, denn in der Regel sind nur Reff 1 und Reff 2 mit Hilfe von fest installierten Reffleinen für ein schnel-

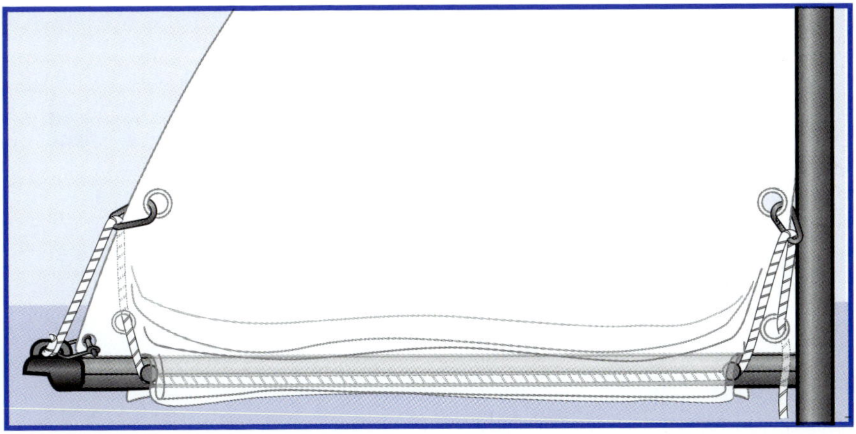

les Reduzieren der Segelfläche vorbereitet. Auch wer sein Reffsystem mit den so einfach zu nutzenden Einleinensystemen ausgestattet hat, kann das dritte Reff ohne große Schwierigkeiten nutzen. Er benötigt nur zwei große Karabinerhaken. Durch die Karabinerhaken wird jeweils in der Position der Augen des dritten Reffs die Leine des Reffs 2 eingeschäkelt. Den Haken selbst hängt man dann in die Augen des Reffs 3. Jetzt muss nur noch die Reffleine dicht geholt werden. Befindet sich der hintere Umlenkblock zu weit achtern, so dass der Zug nach unten zu gering ist, kann man das Reff mit einer einfachen kurzen Leine nach unten um den Baum sichern. Es empfiehlt sich, das dritte Reff bereits im Hafen einzubinden.

DE REEDS
ALMANAK

Unter Deck

Die Kajüte ist Wohnstube, Schlafzimmer und Küche in einem. Es gilt viel auf wenigen Quadratmetern Lebensraum unterzubringen. Hier fällt Eignern immer wieder etwas ein, um das Leben unter Deck komfortabler zu gestalten. Manchmal sind es Tipps, auf die man selber hätte kommen können. Sie sind einfach logisch. Aber nach der Lektüre des Kapitels wissen Sie es, ohne selbst darauf gekommen zu sein.

Nasses Ölzeug trocknen

Auf großen Yachten ist es kein Problem klitschnasses Ölzeug zu trocknen, ohne dass der ganze Salon feucht wird. Sie haben meistens einen Trockenschrank. Gut gelöst werden kann das Problem auch auf kleineren Booten, bei denen sich die Nasszelle achtern neben dem Niedergang befindet.

Aber auch für Crews von kleinen Yachten gibt es eine Lösung und die heißt: Plastik-Reisekleidersack. Das sind Kunststoffsäcke, in die Anzüge oder Mäntel staubdicht und feuchtigkeitsgeschützt auf einem Bügel transportiert werden können. Hängt man nun das tropfende Ölzeug in diesen Sack, fängt der das Wasser auf. Zum Durchtrocknen muss das Ölzeug dann luftiger aufgehängt werden. Das gesammelte Wasser im Kleidersack wird einfach ausgekippt. Zum Trocknen dreht man am besten die Innenseite nach außen.

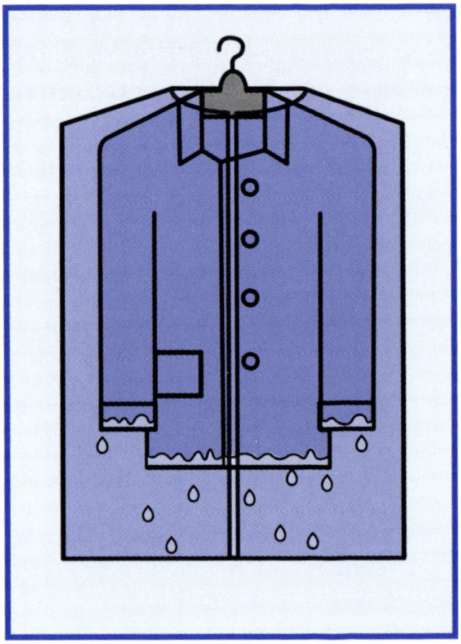

Staubfänger

Wer Löcher in Holz oder Plastik in der Kajüte bohrt, um irgend etwas an der Wand zu befestigen, produziert jede Menge Staub und Späne, die sich in Polsterritzen und Spalten sammelt. Eine einfache Kaffeefiltertüte und ein Streifen Tape schaffen Abhilfe. Die Tüte wird direkt unter die Stelle geklebt, an der das Loch entstehen soll. Bohrspäne und Staub fallen so in die Filtertüte und können einfach entsorgt werden.

Gasflasche ohne Rost

Bei vielen Yachten steht die Gasflasche im Ankerkasten. Das führt dazu, dass die Flasche in dem feuchten Klima schnell Rost ansetzt. Beim Flaschentausch gibt es dann oftmals Schwierigkeiten, da der „Gasmann“ das Leergut in diesem Zustand nicht annehmen will. Als hilfreich hat sich erwiesen, die „neue“ Gasflasche mit Öl zu besprühen. Allerdings darf es nicht soviel sein, dass es in den Ankerkasten läuft. Noch besser ist es, den Ankerkasten zu separieren. Das heißt, die Gasflasche von der Ankerkette abzuschotten. Dabei muss allerdings beachtet werden, dass am Boden des Flaschenfachs ein Ablauf erhalten bleibt, um ungewollt austretendes Gas abfließen zu lassen. Wer dann die Gasflasche in dem Extrafach auch noch mit Öl besprüht, kann davon ausgehen, das die Rückgabe der leeren Flasche ohne Schwierigkeiten verläuft.

Sicherer Halt

Diese beiden Handgriffe muss man sich passgenau aus Edelstahl in einer Metallwerkstatt zusammenschweißen lassen, aber das Geld dafür ist gut angelegt, denn die Haltegriffe erleichtern nicht nur den Abstieg oder Aufstieg, sondern machen den Niedergang sicherer.

Die beiden Handgriffe werden mit kräftigen Schrauben schräg an der achteren Verkleidung des Niederganges angeschraubt. Sie müssen groß genug sein, damit sie von allen vier Fingern jeder Hand umfasst werden können, aber klein genug, um nicht zu stören. Eigner von französischen Centaurion Yachten, auf denen diese Griffe zur Standardausrüstung gehören, möchten sie nicht mehr missen.

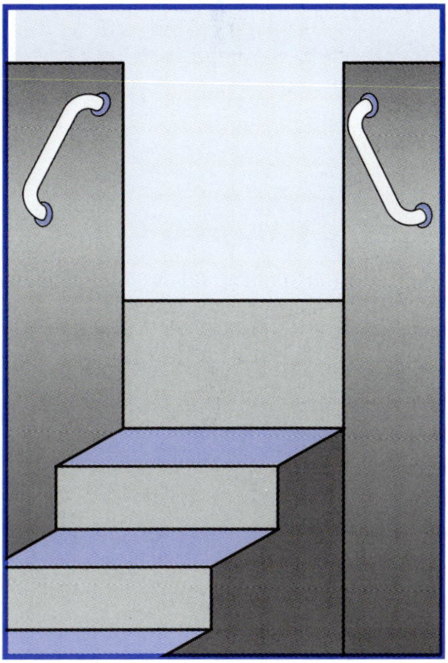

Geruchskiller

Manchmal dauert es etwas länger, aber irgendwann ist es soweit: Die Schläuche zum Fäkalientank und zum Rumpf- oder Decksaustritt diffundieren den Geruch des Inneren des Fäkalientanks. Einfacher ausgedrückt: es stinkt unter Deck. Man kann es hinauszögern, indem immer kräftig mit Wasser nachgespült wird.

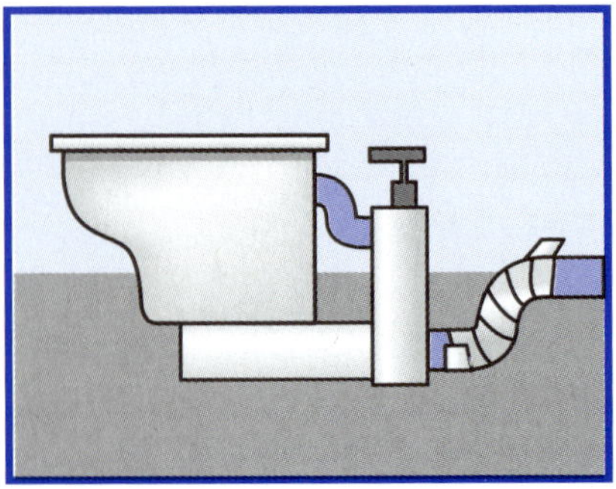

Normalerweise müssen die Schläuche nach einigen Jahren ersetzt werden. Einige Segler konnten jedoch den Geruch stoppen, indem sie die Schläuche mit selbstklebender Aluminiumfolie eingewickelt haben. Diese Folie gibt es im Kfz-Zubehörladen. Der Geruchsstopp durch die Alufolie wird auf jeden Fall sehr viel günstiger als das Auswechseln der Schläuche und das ist darüber hinaus sowieso eine Arbeit für Leute, die zu einer Strafarbeit „verdonnert“ wurden.

Eine erste Hilfe beim Geruchsstopp versprechen auch dünne Plastikfrischhaltefolien, die um die Schläuche gewickelt werden. Diese luftdichte Folie aus dem Haushaltsbereich klebt fast von selbst an den Schläuchen.

Kühl und praktisch

Kühlfächer an Bord, die in der Regel von oben zu öffnen sind, gleichen bei Gebrauch schon nach kurzer Zeit einem Lebensmittelladen nach einem Erdbeben. Alles fällt im Laufe eines Törns nicht nur durcheinander, es zerteilt sich auch so unübersichtlich, dass das gezielte Entnehmen immer einem Suchspiel gleicht. Abhilfe verschaffen Plastik- oder Drahtkörbe, die einzeln herausnehmbar sind. In einige Kühlboxen passen beispielsweise kleine Drahtkörbe, die eigentlich für den Transport von Dingen am Fahrradlenker gedacht sind. Wenn sich die Körbe nicht gegenseitig stabilisieren können, helfen kleine Holzleisten, die passend für ihren Halt an die Seiten des Kühlfaches geschraubt oder geklebt werden. Wichtig ist dabei, sie so anzubringen, dass die Drahtkörbe leicht nach oben aus dem Kühlfach entnommen werden können.

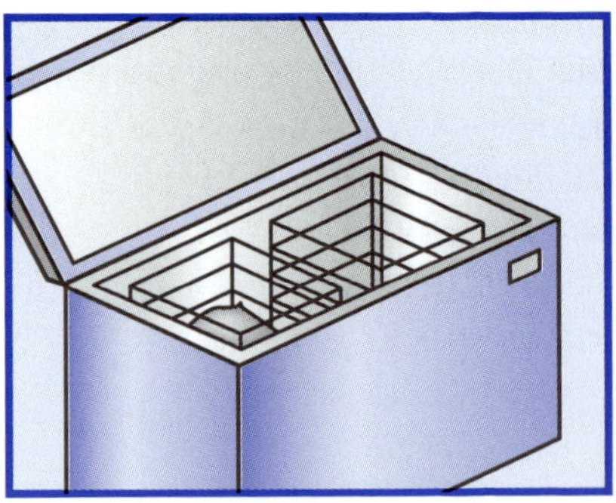

Mülltüten statt Mülleimer

Auf jeder Yacht gibt es einen Mülleimer, in dem meistens eine Plastiktüte den Müll aufnimmt. Nicht nur, dass dieses Behältnis beim Segeln oder Motoren anfängt zu klappern, häufig fällt auch Müll direkt in den Eimer. Bevor es dann anfängt unangenehm zu riechen, muss der Eimer ausgewaschen werden. Einige Bootseigner machen sich die Müllentsorgung einfacher. In dem auf vielen Booten für den Mülleimer vorgesehenen Schrank befestigen sie einen Metallrahmen für konfektionierte und passende Mülltüten. Beides bekommt man in jedem Kaufhaus. Die Tüte wird dann mit starken Klammern aus dem Schreibwarengeschäft so am Rahmen fixiert, dass nichts daneben fallen kann.

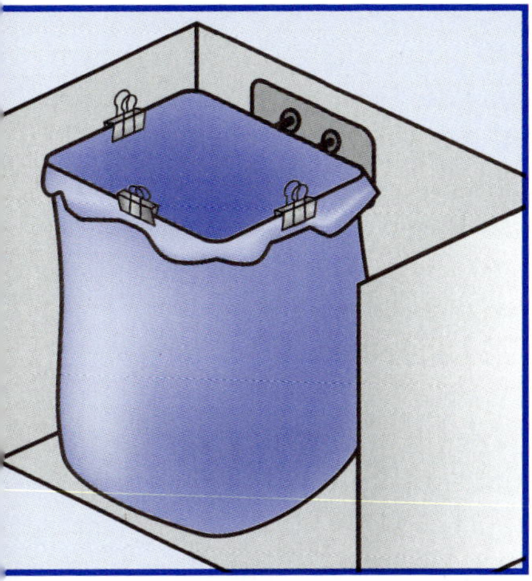

Wichtig ist es, den Metallrahmen in einer Höhe im Schrank anzubringen, von wo die Tüte noch den Boden erreicht, denn die gefüllte Mülltüte muss auf dem Boden stehen, sonst kann sie zerreißen. Der Metallrahmen ist nur dazu da zu verhindern, dass sie umfällt.

Fußmatten statt Teppichboden

Die meisten Yachten sind unter Deck mit einem ansehnlichen, maritimen Holzfußboden ausstaffiert. Wer einen Teppichboden darüber legt, schützt zwar das Holz, sieht aber nichts von dem schönen Holz. Um das Holz zu schützen, es aber gleichzeitig nicht vollständig zu überdecken, eignen sich konfektionierte Teppichfußmatten gleicher Farbe. So sollte eine direkt vor der Niedergangstreppe liegen und die anderen nebeneinander dort, wo der Fußboden häufig betreten wird. Wie beispielsweise im Gang zum Vorschiff und dort, wo sich die Füße befinden, wenn die Crew am Kajüttisch sitzt. Gummierte Fußmatten haben den Vorteil, dass sie auch auf glattem Holz nicht rutschen. Deshalb besteht auch keine Rutschgefahr für die Crew, wenn sie die Matten während des Segelns betritt.

Geschirrsicherung

Mit Handtüchern oder „weichen" Plastikbehältern wird auf vielen Booten das Geklapper in den Geschirrschapps beseitigt. Trotzdem kann es bei starken Bootsbewegungen kann es

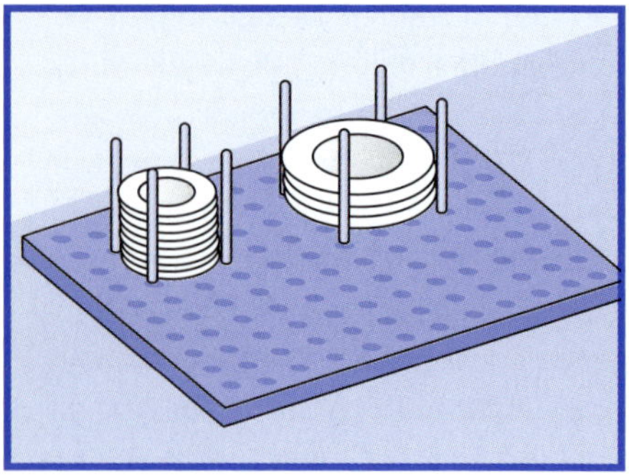

sogar leicht zu Bruch kommen, wenn Porzellanteller und -schüsseln an Bord benutzt werden. Die wenigsten Werften haben da Vorsorge getroffen. In einigen Möbelgeschäften gibt es für wenige Euro eine Abhilfe zu kaufen: eine Lochplatte aus Kunststoff mit kreuzförmigen Einsteckstäben. Mit Hilfe dieser Lochplatte, die auf dem Grund des Schapps befestigt wird und mit den eingesetzten Stäben fixiert man Teller und Schüssel, so dass sie auch bei Windstärke sieben und meterhohen Wellen nicht mehr klappern können.

Geldkassette als Waffensafe

Signalpistole und Munition müssen laut Vorschrift unter Deck in einem Safe aufbewahrt werden. Es gibt kleine, nur schwer aufbrechbare Geldschränke, die jedoch sehr schwer und meistens doch zu groß sind, um einen Platz in der Kajüte zu finden. Sicher unterbringen kann man die Signalpistole in einer größeren, abschließbaren Geldkassette. Sie muss allerdings fest installiert werden. Dafür werden kleine Löcher für Schrauben in den Boden gebohrt. Die Kassette sollten so auf ein Bord geschraubt werden, dass sich die Muttern, mit denen die Schrauben befestigt sind, in der Kassette befinden. Es empfiehlt sich auch, einen Platz unter Deck auszusuchen, der nicht sofort ins Auge fällt.

Gute Luft für wenig Geld

Die im Zubehörhandel angebotenen elektrischen Ventilatoren für gute Luft unter Deck sind verhältnismäßig teuer. Eine Alternative bilden die kleinen Ventilatoren, die Computer kühlen sollen. Sie kosten im Computerladen fast nur ein Bruchteil der ausgewiesenen elektrischen Bordlüfter. Da die Computerventilatoren gleichermaßen mit zwölf Volt betrieben und für den Dauerbetrieb vorgesehen sind, eignen sie sich auch für die Portion Frischluft unter Deck.

Der Einbau ist durch genormte Befestigungsbohrungen leicht. Die Lüfter laufen fast geräuschlos. Eingebaut werden sollten sie allerdings nur dort, wo es trocken bleibt.

Stromwächter

Es passiert in den Häfen immer wieder, wenn zu viele Eigner 220-Volt aus den Stegsteckdosen nutzen, oder wenn es stark regnet und es einen Kurzschluss gegeben hat: Der Landstrom ist weg und keiner merkt es. Kühlschrank, Innenbeleuchtung und CD-Player saugen die Batterien leer und die werden mangels Elektrizität durch das Batterieladegerät nicht nachgeladen. Gut, wenn man sich da einen optischen Stromwächter besorgt hatte. Das ist nichts weiter als ein sogenanntes Babylicht, eine nur wenige Volt verbrauchende Dauerleuchte, die direkt in eine Steckdose gesteckt wird. Kaufen kann man sie in jedem Baumarkt. Geht

diese Leuchte aus, weiß die Crew ganz genau, dass der Landstrom nicht mehr fließt und kann dann erst einmal sicherheitshalber den Kühlschrank ausstellen.

Notebook auf dem Navi-Tisch

Einfacher geht es nicht: Damit das Notebook bei Seegang nicht vom Navigationstisch rutschen kann, mühen sich viele Skipper mit rutschfesten Unterlagen ab oder basteln sich eine Befestigungsmöglichkeiten mit Schrauben oder Zwingen. Viel einfacher ist es, den aufgeklappten Laptop mit einem Gummistropp zu sichern. Zwei Haken an der Rückwand des Navi-Tisches befestigt – in einem Abstand, der etwas länger als das Notebook breit ist –, sind die Grundlage der sicheren Halterung. Der Gummistropp, der dann das aufgeklappte Notebook sichert, muss solch eine Zugkraft haben, die das Gerät sicher hält, aber nicht so stark ist, dass es beschädigt werden kann.

TOHATSU
3.5

Beiboot und Trailer

Wer jahrelang geübt hat, mit seinem Boot richtig umzugehen, ist noch lange kein ausgebuffter Schlauchbootkapitän. Dafür sind die Unterschiede zu groß. Auch als Gespannfahrer mit einem schweren Trailer hinter dem PKW hilft nur jede Menge praktischer Erfahrung. Ein paar Tipps und Tricks fürs Gummiboot wie für den Trailer folgen in diesem Kapitel.

Gewichtstrimm im Schlauchboot

Das machen fast alle Schlauchbootfahrer, die ihr Gefährt mit einem Außenborder ausgerüstet haben, falsch: Sie sitzen zu weit achtern. Das Schlauchboot verfügt so nur über eine sehr kleine Wasserlinie, weil sich der Bugbereich aus dem Wasser hebt. Wer jetzt Gas gibt, hat schnell die Rumpfgeschwindigkeit erreicht und kann dann noch so viel Gas geben, die Ge-schwindigkeit steigt nicht. Es wird nur lauter und die Wellen erhöhen sich. Schneller als mit Rumpfgeschwindig-keit geht es mit Gleitfahrt. Dafür muss der Fahrer allerdings eine Sitzposition in der vorderen Hälfte des Schlauchbootes einnehmen. Dazu ist es notwendig, die Gaspinne mit einem Plastikrohr zu verlängern. Bei richtigem Trimm entsteht nur eine kleine Welle. Das Boot reitet sozusagen auf seiner eigenen Bugwelle, die Hecksee bleibt hinter dem Spiegel zurück.

Man muss es einfach einmal ausprobieren,um die für das Körpergewicht richtige Position und die richtige Geschwindigkeit herauszufinden.

Außenborderplatz

Warum muss ein Außenborder, wenn er klein und ohne große Schwierigkeiten zu tragen ist, immer am Heckkorb seinen Platz haben? Dort stört er häufig beim Baden oder Duschen und vom Gewichtstrimm ist der Platz auch nicht optimal. Sehr viel besser kann man ihn an der sogenannten Mastreling unterbringen, die es auf vielen Yachten gibt.

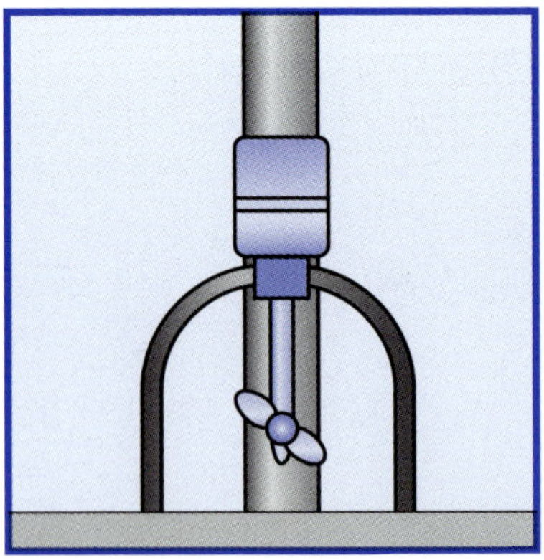

Der hölzerne Lagerblock kann dort genauso gut angeschraubt werden, wie am Heckkorb. Ist die Backskiste des Bootes so groß, dass dort der Motor senkrecht abgestellt Platz findet, ist es allerdings die bessere Lösung, dort ein Tragegestell für den Außenborder zu fixieren und ihn in der Backskiste zu lagern.

Lange Leine für den Trailer

Oftmals ist die Rampe, auf der der Trailer ins Wasser gelassen wird, zu steil - oder der Untergrund ist ungeeignet, um ihn mit der direkt auf der Anhängerkupplung des Autos sitzenden Trailerdeichsel zu befahren. Eine lange, stark dimensionierte Leine, die zwischen Trailer und Auto gespannt wird, hilft dann in den meisten Fällen. Der Trailer, der auf der Slipbahn auch allein Richtung Wasser rollen würde, wird durch die lange Leinenverbindung zum Auto kontrolliert. Das geschieht durch eine langsamere Rückwärtsfahrt auf sicherem Untergrund Richtung Wasser. Mit dem Auto wird sozusagen nur die Eigenfahrt des auf abschüssiger Slipbahn ins Wasser rollenden Trailers abgebremst. Mit Hilfe

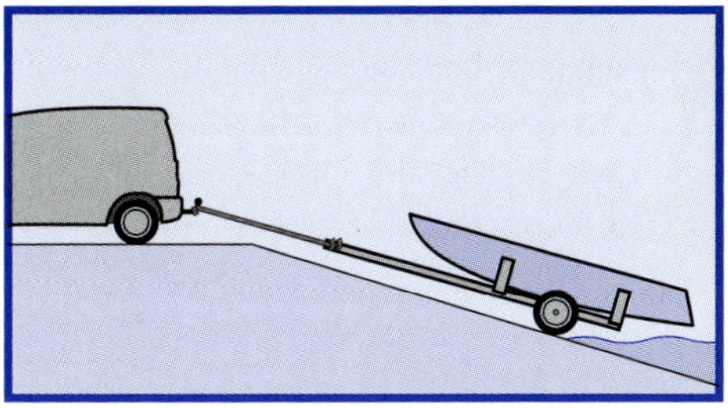

einer Leine kann der Trailer dann auch wieder vom für das Auto sicheren Weg aus dem Wasser gezogen werden.

Eingebaute Rangierhilfe

Trailer mit zwei Achsen sind häufig zu schwer, um sie per Manneskraft zu rangieren. Manchmal gibt es jedoch keine andere Möglichkeit. Hilfreich ist dann das am Ende der Deichsel sitzende Stützrad. Trailerhersteller haben das Stützrad in der Regel so eingebaut, dass es höhenverstellbar ist. Wer jetzt die Deichsel mit Hilfe des Stützrades so weit in die Höhe kurbelt, dass sich die Räder einer Achse vom Boden lösen, wird merken, dass das Rangieren per Hand einfach zu bewerkstelligen ist. Durch die geringe Reibungsfläche der beiden am Boden verbliebenen Räder einer Achse kann der Trailer ohne großen Kraftaufwand auch seitlich bewegt werden.

Schlauchboot als Schlepper

Manchmal wird das Schlauchboot zum Schlepper von viel größeren Booten. Skipper, die Erfahrung damit haben, spannen das Gummiboot nicht vor den Bug, sondern binden es mit jeweils einem vorderlichen und einem achterlichen Festmacher sowie einer Spring an die Seite des zu schleppenden Bootes. Dabei sollte das Schlauchboot achtern so festgemacht werden, dass sich praktisch beide Hecks auf einer Linie befinden. Dadurch ist eine bessere Steuerbarkeit gegeben. Allerdings sollte auf jeden Fall auch ein Steuermann an Bord des großen Bootes sein. Wenn das Schlauchboot mit einer rundherum laufenden Leine ausgerüstet ist, sollten Fender benutzt werden, um Gelcoat-Schäden an der Yacht zu vermeiden.

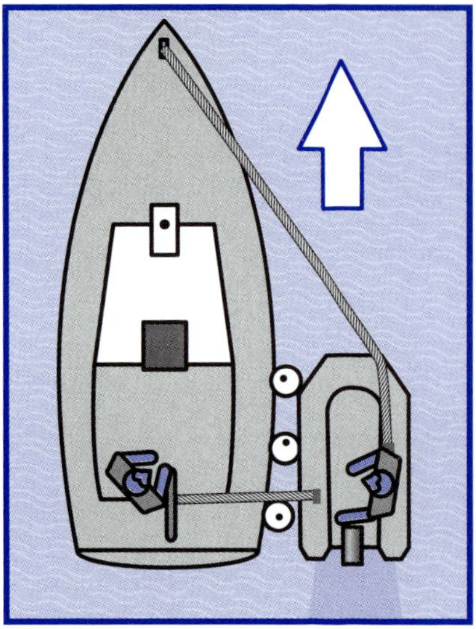

Mit Kriechöl gegen Teer

Schwarze Teerstreifen am Schlauchboot sind nicht nur hässlich, sondern sie können auch abfärben. Je eher man den Teer entfernt, um so leichter geht es. Bei der Beseitigung kommen jedoch viele Schlauchbooteigner ins Grübeln, denn es dürfen weder stark ätzende Mittel genommen werden, noch solche mit Schleifmitteln. Beides geht an die Substanz der Gummiboote. In der Praxis hat sich Kriechöl oder Kaltreiniger als Teerentferner für Schlauchboote als sehr tauglich erwiesen. Damit können übrigens auch Fender gereinigt werden.

Bücher für die Bordpraxis.

Es geht um ***Seemannschaft, Sicherheit,*** *aber auch um pures* ***Vergnügen*** *beim Segeln. Mediamaritim hat den richtigen* ***Lesestoff,*** *mit dem Skipper und Crew etwas anfangen können.*

„Wasser im Schiff“

und andere Segel geschichten.

Die Autorin Silke Eggers, eine erfahrene Charterskipperin, hat ihre Erfahrungen zusammengetragen und ein ***Lese(lehr)buch*** geschrieben. Nicht nur angehende Charterskipper können erfahren, wie man richtig mit einer Yacht umgeht, auch Yachteigner finden eine ***unterhaltsame*** wie ***lehrreiche*** Lektüre.

Meine zwei Flammen.

Das ist das ultimative Kochbuch für den Bordgebrauch. Rezepte für alle Gelegenheiten – von der schnellen Mahlzeit nach dem langen Törn bis hin zur feinen Ferienküche an Bord – ***alles auf zwei Flammen.*** Und dazu gibt's noch jede Menge ***Pantry-Tipps*** und für die Zeit, in der das Essen kocht, bietet das Buch abenteuerliche ***Segelgeschichten.***

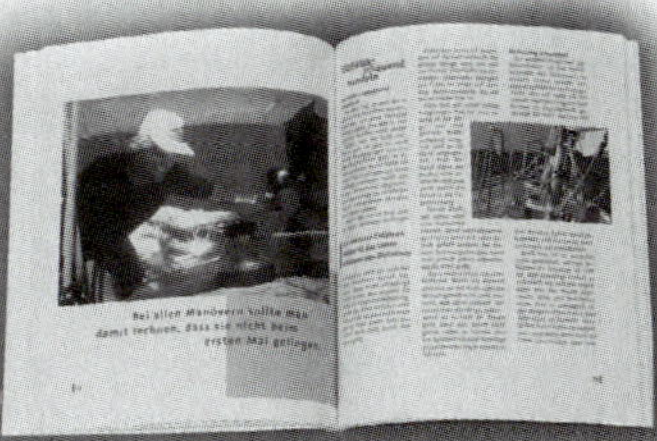

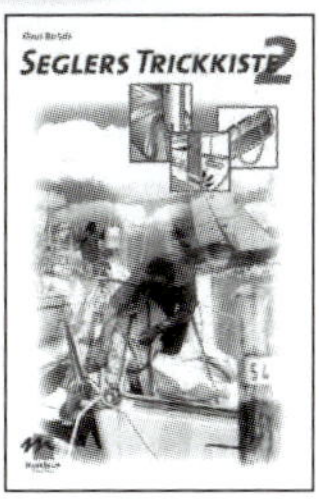

Seglers Trickkiste (2)

Das sind Tricks und Tipps von Seglern für Segler. Zwei Segler treffen sich. Was machen sie? Sie tauschen ihre ***Erfahrung*** aus. Dabei erfährt man jede Menge ***Tricks.*** Hier finden sogar alte Salznacken noch etwas ***Neues.***

Mediamaritim International, Nautische Medien ▮ Schmalegger Straße 47 ▮ 88213 Ravensburg ▮ Tel. 0751-7915508 ▮ Fax 0751-7915538 ▮ www.mediamaritim.de ▮ Email mareteamInt@web.de

MANÖVER

Es gibt unter Seglern kaum etwas ärgerlicheres als ein misslungenes Anlegemanöver. Zumal, wenn dabei auch noch viele „Besserwisser" zusehen und Kommentare abgeben.

Aber es gibt jede Menge Tipps und Tricks, die Manöver erleichtern. Auch Einhandsegler haben immer wieder neue Ideen, besser ab- oder anzulegen. Die Grundlage jedes erfolgreichen Manövers steht übrigens nicht im folgenden Kapitel, aber das wissen die meisten Skipper auch so – es sind die Ruhe und Gelassenheit und die gute Vorplanung.

Lange Achterleine zum Ablegen

Eine am Luvheckpfahl auf Slip gelegte Leine macht das Ablegen in engen Marinas einfach. Diese Doppelleine muss etwa einen Meter länger sein als die Bootslänge. Das mit dem Bug zur Brücke weisende Boot wird langsam rückwärts aus der Box gefahren. Dabei gibt ein Crewmitglied die um den Heckpfahl gelegte Leine nach, bis das Boot am Leeheckpfahl vorbei schwenken kann. Das Ruder ist dabei so gelegt, dass das Herumschwenken gefördert wird. Wird jetzt die Leine an Bord belegt und weiter langsam rückwärts gefahren, bewegt sich der Bug um 90 Grad nach Lee. Bevor jetzt vorwärts gegeben wird, muss die Leine freigegeben werden. Das sollte zügig geschehen, damit sie nicht in die Schraube geraten kann.

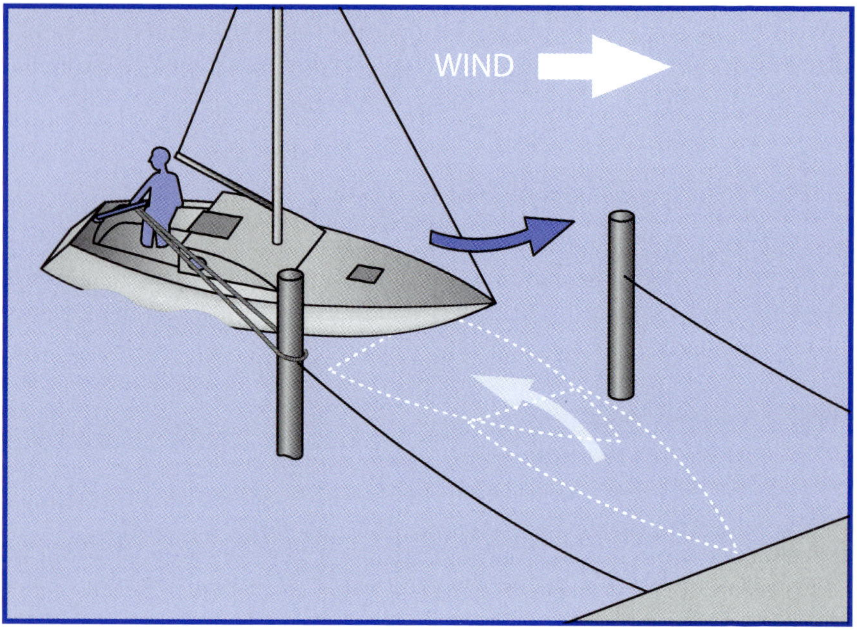

Einhand ablegen

Einhand mit dem Boot aus der Box zu fahren und mit Hilfe einer Leine, die als große Schlaufe vom Boot zu der zwischen Brücke und Heckpfahl gespannten Leine an der Luvseite geführt wird, um bei Seitenwind nicht abgetrieben zu werden, ist ein alter Hut. Neu ist die Idee, diese Schlaufe so an einer Festmacherklampe zu befestigen, dass sie mit einem Zug vom Cockpit aus gelöst werden kann. Das geht einfacher, als es sich anhört. Die beiden Augen der Halteleine werden nur auf den achteren Zinken der Festmacherklampe gesteckt.

Eine Reißleine, die ins Cock-pit geführt wird, muss nur an dem inneren Auge befestigt werden. Durch die Rückwärtsfahrt und den damit verursachten Zug zum Bug bleiben die Schlaufen auf der Klampe. Wenn das Boot etwa zu zwei Dritteln die achteren Festmacherpfähle passiert hat, zieht der Einhandsegler die beiden Augen mit einem Ruck von der Klampe. Da nur ein Auge an der Reißleine hängt, kann sich die große Schlaufe von der Sorgleine zwischen Steg und Pfahl lösen. Reißleine und große Schlaufe müssen dann schnell eingeholt werden.

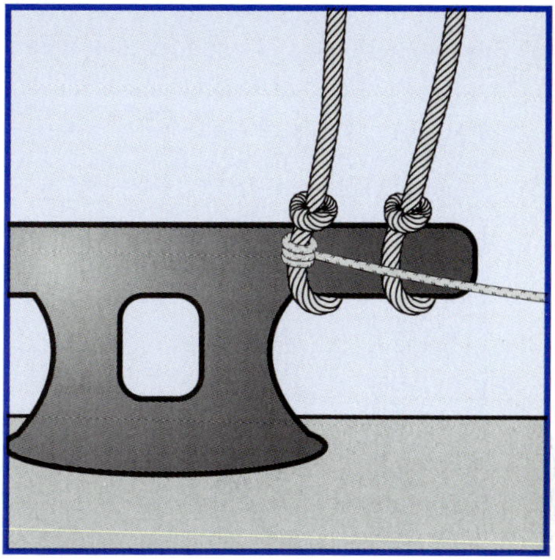

Sicher mit nur einer Achterleine

Auf einigen Liegeplätzen gibt es nur einen Heckpfahl zur Sicherung der Yacht; oder aber es klappte beim Anlegemanöver nicht, den zweiten Pfahl mit dem achterlichen Festmacher zu belegen. Trotzdem gibt es die Möglichkeit, das Boot gerade in die Box zu legen. Dafür wird ein zweiter, dünnerer Festmacher mit einem lockeren Stopperstek auf den Hauptfestmacher geschlagen. Mit einem möglichst langen Bootshaken wird dieser dann so weit es geht auf dem Festmacher nach achtern geschoben und dann dicht geholt. Der zweite Festmacher bekneift sich jetzt und man hat eine zweite Leine für die noch freie Heck-Festmacherklampe.

Leichter anlegen

Eigentlich ist es seltsam, dass nicht mehr Eigner darauf kommen: fest „stationierte“ Fender an den sogenannten Sorgleinen, die zwischen achteren Festmacherpollern und Steg gespannt sind. Das Ab- und Anlegen auch bei Seitenwind wird so noch leichter. So wie sich Nachbarlieger über die Sorgleine einig werden, könnten sie sich auch über eine Reihe fest angebrachter Fender verständigen, die in der richtigen Höhe für beide Boote angebracht werden und die beide Boote vor Kratzern schützen. Günstig ist diese Konstellation vor allen Dingen für Eigner, die häufig zu Tagestörns starten und dann abends wieder am heimischen Liegeplatz sind. Für sie erübrigt sich somit das ständige Fender abbinden und wieder anbinden. Wenn ein längerer Urlaubstörn ansteht, können die Fender dann einfach mitgenommen werden.

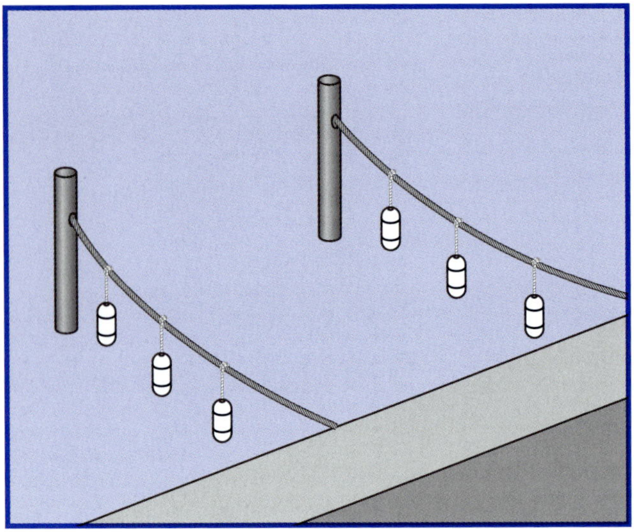

Barberholer für den Blister

Bei Kursen vor dem Wind mit gesetztem Blister beult sich das leichte Vor-dem-Windsegel in der Regel so aus, dass nicht die ganze mögliche Segelfläche genutzt wird. Durch einen sogenannten Barberholer, der auf Masthöhe in einem Block an der Reling gesetzt wird, kann die Blisterform verändert werden. Üblicherweise nutzt man das Pütting für die Oberwant. Der auf der Schot des Blisters mit einem Snatchblock gesetzte Barberholer wird so weit durchgesetzt, bis der Blister eine Kugelform annimmt. Die Streckerleine des Barberholers muss dann im Cockpit belegt werden. Eigner, die häufiger mit dem Blister segeln, haben sich dafür eine Curryklemme im Cockpit installiert.

Bojenmanöver einhand

Rückwärts mit einem Kurzkieler kurze Strecken gegen den Wind zu fahren, ermöglicht genaue Zielfahrten. Das hat sicherlich schon jeder Steuermann bei Hafenmanövern festgestellt. Kein Wunder, dass dies das richtige Manöver für einen Einhandsegler ist, wenn er eine Ankerboje ansteuert. Wer dann noch den vorderen Festmacher außen nach achtern geführt hat, kann als Einhandsegler vom Cockpit aus das Boot ohne Probleme festmachen. Der Wind schwenkt dann die Yacht ganz alleine wieder herum, so dass sie mit dem Bug gegen den Wind liegt.

Fangleine für Fingersteg

Sogenannte schwimmende Fingerstege erfreuen sich vor allen Dingen in neuen Marinas steigender Beliebtheit. Yachten an diesen Schwimmstegen können auch bei stark steigendem oder fallendem Wasser unbeaufsichtigt bleiben. Da bei diesen Stegen keine Heckpfähle vorgesehen sind, ist es allerdings manchmal schwierig, bei starken Seitenwinden anzulegen. Einige Eigner haben da eine gute Idee. Sie spannen eine Art Fangleine für den Bootshaken von der Klampe am Kopf des Fingerstegs bis zum Hauptsteg. Dabei wird die Leine so befestigt, dass sie leicht mit dem Bootshaken erreicht werden kann. Ein Abtreiben nach Lee wird dadurch beim Anlegen unmöglich. Die Leine muss allerdings soviel Lose haben, dass sie Platz für das Boot lässt.

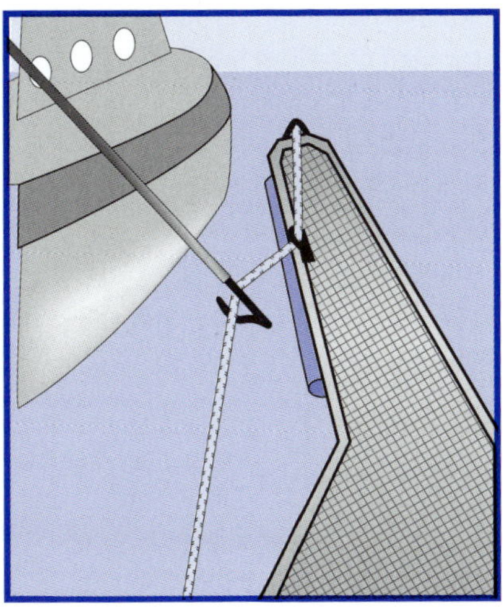

Steifer Festmacher

Es passiert immer wieder, dass die Armlänge nicht ausreicht, um das große Auge des Festmachers um den achteren Poller zu legen. Einige Segler haben sich dagegen abgesichert, indem sie die Reichweite des Arms verlängern. Das geht beispielsweise mit einem Plastikrohr, in das der Festmacher gezogen wird. Wenn das Rohr dann auch noch am Ende so aufgeschnitten wird, dass Teile davon das Auge spreizen, kann die Leine sehr leicht über den Pfahl gelegt werden. Da das etwa einen Meter lange Rohr beim Aufschießen des Festmachers stört, wird dieser einfach nach dem Ablegen wieder aus dem Rohr gezogen. Wer genügend Stauraum für die zusammengelegte Kombination Rohr und Festmacher hat, kann beides auch zusammenlassen.

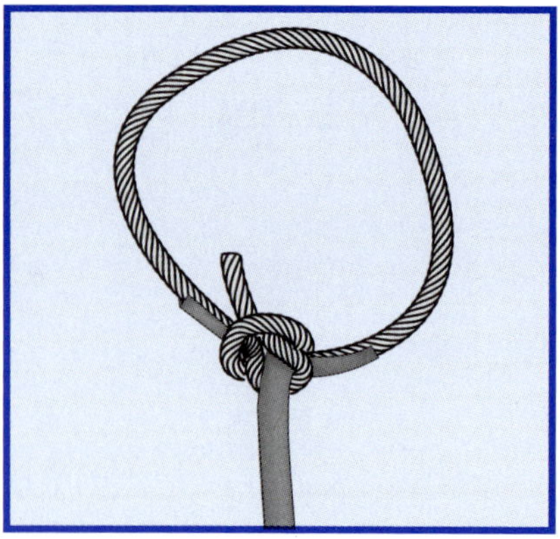

Eindampfen in die Spring bei Starkwind

Wenn der Anker bei stärkerem Seitenwind im Hafen nach dem „römisch-katholischen" Anlegen nicht hält, hilft in der Regel eine luvwärtige Spring und die Motorkraft, um das Boot nicht abtreiben zu lassen. Dabei ist es am besten einen langen Festmacher um die Winsch auf der Luvseite zu belegen, das Ruder zur Luvseite zu stellen und soviel Gas zu geben, bis sich die Lage des Bootes stabilisiert. Jetzt kann auf der Winsch unter Druck langsam Lose gegeben werden, und die Yacht wird sich ohne abzutreiben Richtung Anker bewegen. Wichtig ist bei diesem Manöver einen genügend langen Festmacher zu benutzen. Außerdem ist eine genaue Absprache zwischen dem Steuermann und dem Mann an der Winsch erforderlich.

Mit einer Spring am luvwärtigen Boxenpfahl kommt man natürlich auch bei Seitenwind sicher an den Steg einer Box. Hierbei sollte auch die Spring um die luvwärtige Winsch gelegt und kontrolliert Lose gegeben werden.

Trimmfäden für das Groß

Die Trimmfäden aus Spinnakertuch für das Großsegel werden in der Regel mit Tape auf das Segel geklebt oder aber sogar mit ein paar Stichen angenäht. Durch das häufige Bergen und Setzen des Segels werden die Fäden in Mitleidenschaft gezogen und reißen oftmals ab. Gute Erfahrung haben einige Skipper gemacht, die die dünnen Stoffstreifen mit einem Tropfen Sekundenkleber in die Taschen der Segellatten geklebt haben. Die doppelte Segelausführung im Bereich der Segeltaschen sorgt dafür, dass sich dieser Bereich im Segel weniger knickt und so die Fäden weniger in Mitleidenschaft gezogen werden.

Zwei Anker für kleinen Schwoienkreis

An beliebten Ankerplätzen wird es oftmals eng. Da die Boote darüber hinaus bei Winddrehung unterschiedlich schwoien, sollte ein zweiter Anker für einen kleineren Schwoienkreis eingesetzt werden. Am einfachsten ist es, den zweiten Anker mit einem Beiboot auszubringen. Die Länge des Grundgeschirrs muss dabei nicht gekürzt werden. Von Bord aus gesehen sollten die beiden Anker mindestes einen Winkel von 50 Grad bilden.

Sicherheit

Sicherheit ist das wichtigste Thema an Bord von Segel- und Motor-yachten und entsprechend viel wird darüber geschrieben und gesprochen. Immer wieder haben jedoch Bootseigner neue Ideen, die Sicherheit an Bord zu erhöhen.

Und dabei geht es in erster Linie um vorsorgliche Maßnahmen, um im Fall der Fälle gewappnet zu sein. Dazu gehört das etwas andere Mann-über-Bord-Manöver genauso wie das Sicherheitslicht nachts im Niedergang oder die rutschfeste Sohle des Bordschuhs.

Rettungskragen griffbereit

Feste Rettungskragen, die über Bord gegangenen Personen helfen sollen, sind meistens am Heckkorb angebracht. Auf größeren Yachten sind sie vom Rudergänger nur zu erreichen, wenn er das Ruder loslässt. Für eine größere Sicherheit sollte der Rettungskragen jedoch dort seinen Platz haben, wo er vom Rudergänger einfach erreicht werden kann. Beim Mann-über-Bord-Manöver kommt es auf Sekunden an. Daran sollten Eigner beim Befestigen der Rettungskragen denken. In den Werften macht man sich darüber wenig Gedanken, wie man an vielen Yachten erkennen kann.

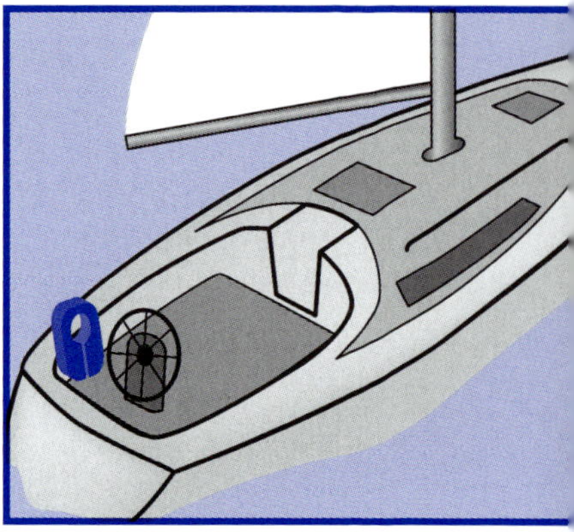

Mann-über-Bord-Manöver mit backstehender Fock

Geht eine Person über Bord, heißt es immer noch, sie so schnell wie möglich zu erreichen. In der Regel sollte man den Motor starten, alle Fallen und Schoten loswerfen und Kurs auf die schwimmende Person nehmen – egal wie stark die Segel schlagen. Aufgepasst werden muss nur, dass weder Fallen noch Schoten über Bord hängen und in die Schraube gelangen können. Gibt es Schwierigkeiten mit der Maschine, empfiehlt sich das sogenannte Quick-Stopp-Manöver, das sich bei Starkwind bewährt hat und bei dem es kein Schlagen der Segel gibt.

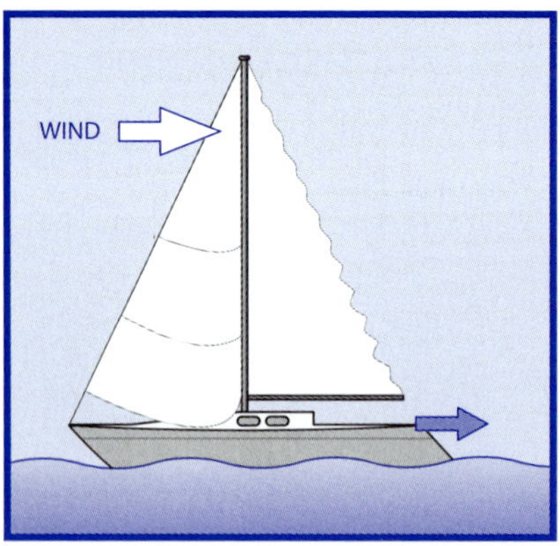

Allerdings eignet sich dieses Manöver nur auf Kursen hoch am Wind. Sobald es „Mann über Bord“ heißt, wird eine Wende gefahren, die Fock back gestellt und das Großsegel losgeworfen. Das Ruder muss dabei auf der luvwärtigen Seite festgesetzt werden. Wie von Geisterhand treibt dann die Yacht seitlich zurück auf die über Bord gefallene Person zu.

Ankerboje, aber richtig

Was nützt eine Ankerboje, wenn sich der Wasserstand geändert hat? Fast nichts, denn sie erfüllt ihren Zweck nicht mehr, genau anzuzeigen, wo der Anker unter Wasser liegt. Segler in Skandinavien haben eine gleichermaßen einfache wie absolut sichere Methode ersonnen, um die Stelle der Ankerboje genau über dem Anker zu markieren. Man benutzt eine zweite kleinere Ankerboje, zum Beispiel eine Plastikflasche. Entscheidend ist: Sie muss weniger Auftrieb haben als die eigentliche Ankerboje.

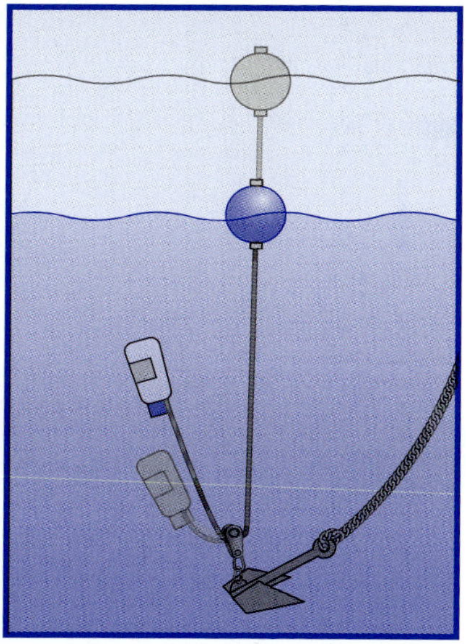

Beide Bojen werden je an einem Ende einer Leine befestigt, die durch einen wasserfesten Block, der am Anker befestigt ist, läuft. Der Auftrieb beider Bojen sorgt jetzt dafür, dass die größere Boje die Wasseroberfläche erreicht. Fällt der Wasserspiegel, sorgt der Auftrieb des kleineren Schwimmkörpers dafür, dass die Position gehalten wird.

Es empfiehlt sich, die Leine so zu bemessen, dass sie die Länge der eineinhalb-fachen Wassertiefe hat.

Selbstverständlich darf der Auftrieb beider Bojen nicht so groß sein, dass er den Halt des Ankers gefährdet.

Immer am selben Platz

Der Schwengel für die Handlenzpumpe sollte möglichst in der Nähe der Pumpe einen festen Stauplatz haben, damit er immer schnell zur Hand ist. Zwei kleine Plastikklammern, die eigentlich zum Halten einer Pinnenverlängerung auf der Pinne gedacht sind und die es bei jedem Bootsausrüster gibt, eignen sich gut zum Verstauen des Schwengels. Am besten schraubt man sie an eine gut zugängliche Innenwand einer Backskiste, die sich in der Nähe der Pumpe befindet.

Im Dunkeln glänzen

Sogenannte Reflexfolie glänzt sogar im Mondschein und ganz besonders stark spiegelt sie, wenn sie von einem Scheinwerfer angestrahlt wird. Wer Reflexfolie auf beiden Seiten im oberen Bereich des Mastes anbringt, kann davon ausgehen, dass seine Yacht bei Begegnungen mit anderen Schiffen nachts besser ausgemacht wird. Diese Folie auf Rettungswesten und Rettungskragen geklebt, erhöht im Falle des nächtlichen Überbordgehens auch die Chancen, gefunden zu werden. Die Folien gibt es beim Yachtausrüster.

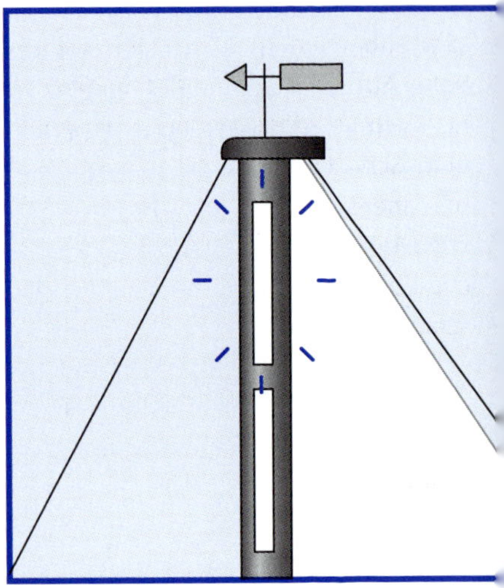

Rutschsohlen ade

Irgendwann sind die Sohlen fast aller Bordschuhe so glatt geworden, dass der Weg über das nasse Deck einer Rutschpartie gleicht. Auch wenn die Schuhe ansonsten noch gut erhalten sind, werden sie in der Regel aus Sicherheitsgründen vom Boot verbannt. Dabei ist es nicht schwierig, den gewohnten Halt wieder herzustellen. Hauptgrund des Alterungsprozesses, der zur Verhärtung der Sohle führt, ist das Entweichen sogenannter Weichmacher aus der Sohlenoberfläche. Aber auch Schmutzablagerungen sorgen für glatte Sohlen.

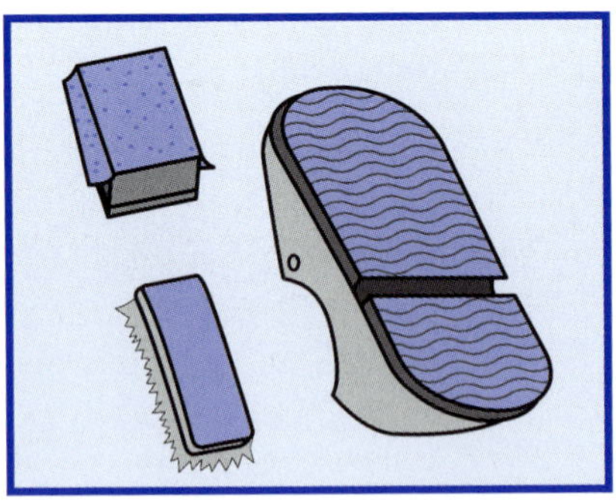

Erst einmal sollte deshalb die Sohle gründlich mit einem aggressiven Reinigungsmittel und einer Bürste behandelt werden. Für den nächsten Schritt wird grobes Sandpapier (am besten mit Schleifklotz) benötigt. Es muss solange geschliffen werden bis die Flächen, aus denen der Weichmacher entwichen ist, beseitigt sind.

Schienbeinschoner

Die als freitragender Baum quer durch das Cockpit angebrachte Travelerschiene ist auf vielen Yachten ein „Schienbeinkiller". Wer nicht ständig beim Aufenthalt im Cockpit aufpasst, holt sich schmerzhaft blaue Flecke auf dem Schienbein. Weniger Schmerzen bei einer ungewollten Berührung versprechen Schaumgummiisolierschläuche aus dem Baumarkt, die es in verschiedenen Stärken gibt. In der Regel sind die Schläuche der Länge nach aufgeschnitten und so aufklappbar. So können sie jeweils an der Backbord- und Steuerbordseite vom Traveler aufgezogen werden. Wird die Travelerschiene zum Trimmen benötigt, fliegt der Schlauch kurzerhand in die Backskiste und wird erst wieder aufgezogen, wenn der „Schnellsegelschlag" beendet ist.

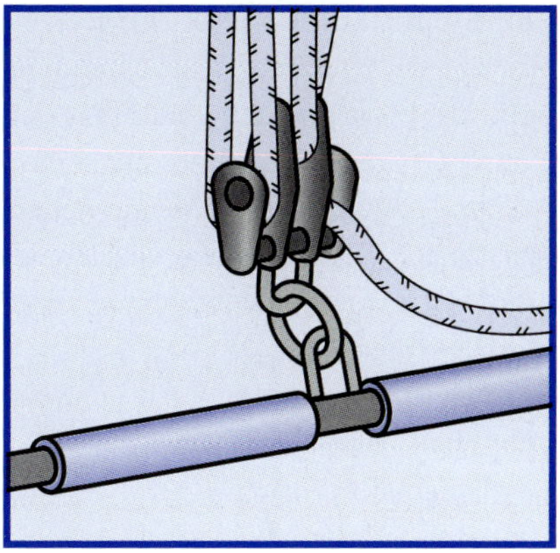

Lange Leine für alle Fälle

Eine Leine kann als Ankerleine genutzt werden, zum Abschleppen anderer Boote oder als langer Festmacher, den man schnell zur Hand hat. Eine 50 Meter lange Leine wird dafür auf eine für sie passende Kunststoffrolle gewickelt, die es im Fachhandel gibt (in der Regel sind dort 100-Meter lange Leinen zum Verkauf aufgewickelt). Diese Rolle wird mit einer Niro-Querstrebe zwischen zwei Stützen des Bugkorbes angebracht. Das Leinenende erhält ein gespleißtes Auge, in das je nach Bedarf die Ankerkette eingeschäkelt oder aber eine sogenannte Lassoschlaufe gelegt wird, wenn die eigentlichen Heckleinen zu kurz sind.

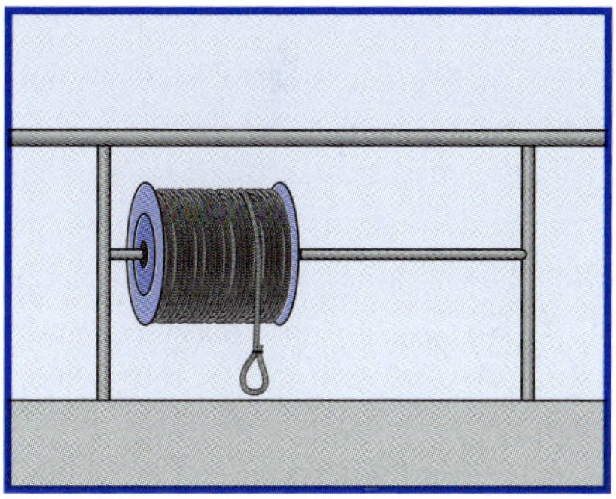

Keine Überläufer auf der Winsch

Ein kleiner Stab aus nichtrostendem Stahl, der etwa bis zur halben Höhe der Genuawinsch reicht und auf einer kleinen Platte dort seinen Platz neben der Winsch findet, von wo die Genuaschot nach vorne läuft, verhindert Überläufer. Diese entstehen, wenn zum Beispiel zuviel Lose auf der Schot ist und sie dann unkontrolliert stramm kommt. Der Metallstab sorgt dafür, dass auch lose Rundtörns immer geordnet auf der Winschtrommel bleiben. Metallstab und Platte kann man sich in jeder Schlosserei anfertigen lassen, die nichtrostende Metalle verarbeitet.

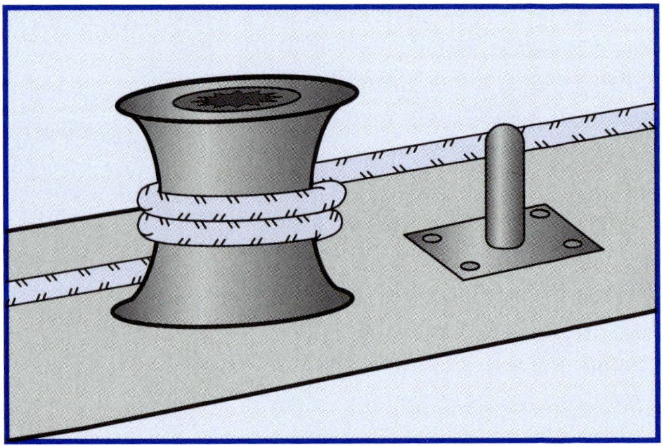

Sichere Positionslaterne

Die Zweifarbenpositionslampe am Bugkorb wird bei Törns gegen den Wind mit hoher Welle kräftig gebeutelt. Sie kann immer wieder von Wellen überspült werden. Irgendwann dringt Feuchtigkeit in die Lampe. Schlimmer noch, die Halterung mit ihrem Klemmmechanismus kann schnell losgeschlagen werden. Vorsorglich haben einige Skipper die Lampe auf der Unterseite, dort wo die Birnenfassung eingeschraubt wird, zusätzlich mit Silikon abgedichtet und sie dann mit Hilfe von zwei langen Kabelbindern jeweils oben und unten noch einmal zusätzlich gesichert. Muss die Birne ausgewechselt werden, ist es zwar etwas mühsamer die Lampe zu öffnen; allerdings kann man davon ausgehen, dass dies mit der zusätzlichen Abdichtung und Sicherung auch nicht mehr so häufig notwendig ist.

Treppenlicht

Einige neue Yachten sind in der Standardversion mit kleinen, blendfreien Lampen an den Niedergangsstufen ausgerüstet. Durch sie ist es viel sicherer, nachts den Niedergang zu nutzen. Es sind in der Regel stromsparende LED-Lampen, die auch einfach selbst installiert werden können. Crews, die häufiger zu Nachttörns auslaufen, sollten den Niedergang ihrer Yacht sicherer machen. Die Installation ist einfach, da die kleinen LED-Lampen sehr flach sind und deshalb nicht versenkt werden müssen. Die elektrische Installation erfolgt auf eine freie Sicherung der Schalttafel.

Schäkelsicherung ganz einfach

Ob Schäkel mit Schraubbolzen, Drehzapfschäkel oder Schnappschäkel, alle sind hilfreiche Verbindungsmittel auf Yachten. Allerdings trauen viele Skipper den Schäkeln nicht. Vor allem nicht, wenn sie auf Langfahrt sind. Sie sichern die Schäkel mit Draht oder Splintringen, wobei die Drahtenden wiederum mit Tape gesichert werden müssen, weil von ihnen eine Verletzungsgefahr ausgeht.

Die bessere und einfachere Möglichkeit sind Kabelbinder. Die nur wenige Cents kostenden dünnen Plastikbänder, die sich selber sichern, sind universal zur Sicherung von Schäkeln einsetzbar. Muss der Schäkel geöffnet werden, schneidet man den Kabelbinder einfach ab und ersetzt ihn durch einen neuen. Kabelbinder eignen sich auch deshalb so gut zur Schäkelsicherung, weil man sie ohne Schwierigkeiten mit einem scharfen Messer auf die richtige Länge schneiden kann. Um die verbliebene Kante zu entschärfen, kokelt man sie einfach etwas mit einem Feuerzeug an. So wird die Kante rund.

Kabelbinder eignen sich übrigens auch bestens zum Sichern von Wantenspannern. Wenn die Bohrungen auf der Unterseite der Bolzen zu klein sind, nimmt man einfach längere Kabelbinder und führt sie von oben durch den Wantenspannerkopf und dann durch die Hülse bevor man sie stramm zieht.

Spirit of Najad

Leichter leben

Wenn es darum geht, das Leben an Bord komfortabler und in allen Situationen angenehmer zu gestalten, scheinen die Ideen dafür nicht auszugehen. Fast jeder Skipper mit längerer Borderfahrung hat ganz persönliche Tipps und Tricks gesammelt. Meistens geht es darum, sich an Bord noch wohler zu fühlen. Aber es gibt auch handfeste Ratschläge, die die Arbeit auf Yachten erleichtern.

Ölwechsel 1

Es passiert immer wieder beim Ölwechsel, wenn der Ölfilter aus dem Motorgehäuse geschraubt wird: Auch wenn man ihn noch so vorsichtig entfernt, läuft Restöl in die Bilge. Ganz schlaue Segler lassen daher das Öl vorher aus dem Filter tropfen, indem sie mit einem Schraubenzieher und einem Hammer auf der Unterseite ein Loch hineinschlagen. Das austropfende Altöl wird dann gezielt in einem Gefäß aufgefangen. Wenn es nicht mehr in das Gefäß tropft, läuft auch beim Abschrauben nichts mehr heraus.

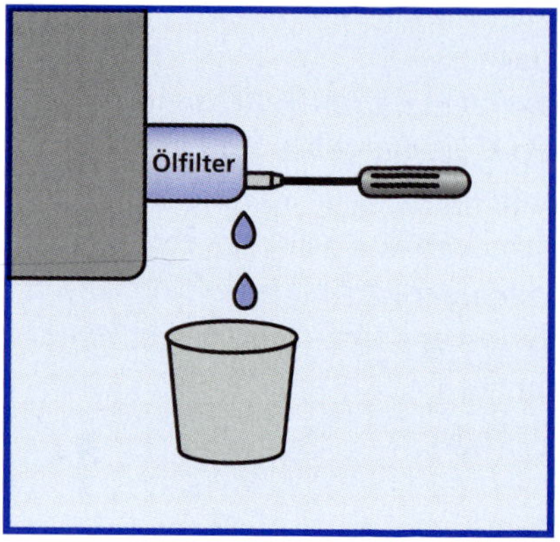

Ölwechsel 2

Getriebeölwechsel ist fast auf allen Bootseinbaumaschinen ein Akt für „Gummimenschen". Die Einfüllstutzen sind in der Regel schlecht zu erreichen und auch mit einem Trichter tropft Öl leicht in die Motorbilge. Hilfe verspricht da der Kauf eines zweiten Getriebeöldeckels, der nur im Falle des Ölwechsels benötigt wird. Der Deckel wird mit Löchern versehen und mit einem passenden Kunststoffrohr nach oben verlängert. Das Rohr wird in eines der Löcher gesteckt, denn es wird als Schütt-Reservoir gebraucht. Wichtig ist, dass das Rohr stark genug ist, damit es nahezu senkrecht auf dem Deckel steht. Mit Hilfe des Rohres kann das Öl sehr viel einfacher als mit einer Kanne in das Getriebe gefüllt werden. Zwei, drei Luftlöcher im Deckel sorgen dafür, dass es keinen Ölstau gibt.

Heben mit Fallen

Ob Bordräder, Außenbordmotor oder ein schwerer Seesack: den Weg an und von Bord kann das Fockfall erleichtern. Kluge Segler benutzen es wie einen Lastenkran. Der Kraftaufwand besteht dann nicht mehr im Anheben oder über die Reling wuchten, sondern nur noch im Abhalten und Führen des Falls. Ein Mitsegler sollte dabei die Fall-winsch bedienen. Für den Mann am Fall empfiehlt es sich, Segelhandschuhe zu tragen.

Liegt die Yacht seitlich an einem Steg kann auch das Großfall benutzt werden – auch um beispielsweise schwere Gegenstände in die Backskiste zu bugsieren.

Möwendreck geht einfach weg

Möwenkot auf Teakdeck und Gelcoat ärgert jeden Eigner, zumal die ätzenden Möwenexkremente das Material angreifen. Frühes Handeln – schnell wegwischen – ist die beste Waffe gegen Folgeschäden. Wer zu spät

kommt, kann zur Beseitigung des Möwendrecks eine leichte Essigsäure verwenden. Sie löst den Möwenkot in der Regel auf. Danach muss allerdings mit frischem Wasser nachgespült werden. Gut geöltes Teakholz nimmt Möwendreck schlechter an als trockenes Holz und wer das Gelcoat des Bootes gut gereinigt und gewachst hat, kann Möwenkot auch leichter entfernen.

Schalldämpfung im Cockpit

Wenn der Einbaudiesel grundsätzlich als zu laut eingestuft wird, gibt es viele Möglichkeiten der besseren Schallisolierung. Eine verblüffende Wirkung im Cockpit erzielt man in der Regel mit einer einfachen Lösung. Der Cockpitfußboden wird passgenau mit einer schweren Gummimatte ausgelegt. Darüber ist dann Platz für die Gräting.

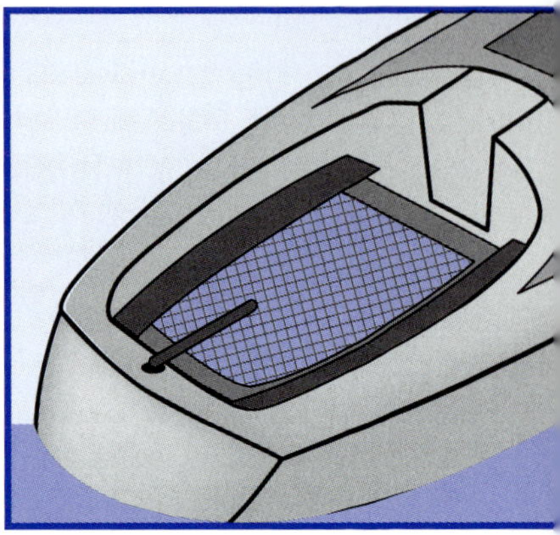

Persenning rollen

Beim Bergen und Setzen der langen Rollsegelpersenning auf dem schmalen Vorschiff passiert es immer wieder, dass die Persenning vom Wind ins Wasser geweht wird, oder aber nur im unübersichtlichen Knäuel davor bewahrt werden kann. Sauber aufgerollt bietet sie dem Wind dagegen keine Angriffsfläche. Aufgerollt werden kann der „Strumpf" auf einer Leine, die zwischen dem Bugkorb gespannt ist. Die ordentlich auf dieser Leine locker aufgerollte Persenning kann dann sogar einhand gesetzt werden.

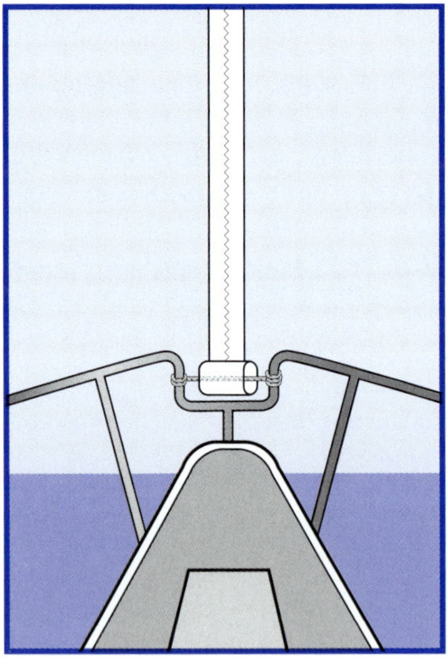

In der Regel wird die Persenning mit dem Spifall nach oben gezogen. Wenn dieses Fall ins Cockpit gelenkt ist, leitet man es mit Hilfe eines an der Reling angeschlagenen Blockes (Snatchblock) vom Cockpit zum Vorschiff um. Von hier aus kann eine Person den Strumpf hochziehen oder bergen, dabei den Reißverschluss Stück für Stück zuziehen oder öffnen und darauf achten, dass die Persenning sauber ab- oder aufrollt.

Strom sparen

Die neuen LED-Lampen verbrauchen nur noch zwei Watt. Das ist erheblich weniger als der Stromverbrauch von Halogenlampen. Viele der neuen LED-Lampen passen in die Stecksockel von Halogen-Spots. Wer schon bisher mit Halogenlicht unter Deck im Vergleich zu normalen Glühbirnen Strom gespart hat, kann noch geiziger beim Verbrauch des nicht uneingeschränkt vorhandenen Batteriestroms an Bord werden. Er muss nur die Lampen austauschen. LED-Lampen gibt es beim Elektrofachhändler.

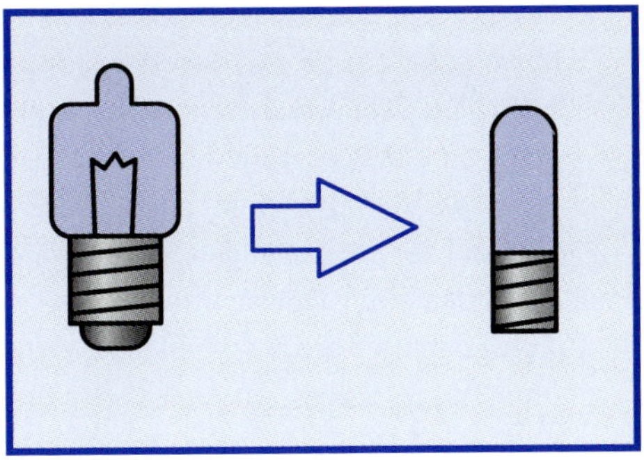

Entschärfte Travellerschiene

Auf vielen kleineren Yachten befindet sich die Travellerschiene für die Großschot mitten im Cockpit und sorgt vor allen Dingen im Hafen für blaue Flecke in Schienbeinhöhe. Verbannen aus dem für die Schienbeine gefährlichen Bereich kann man den Traveller mit Hilfe von zwei Schienen und Blöcken für Genuaschoten. Die Genuaschienen werden so angebracht, dass der Traveller bis kurz vor den Niedergang geschoben werden kann. Geht es wieder auf See, erhält er seinen angestammten Platz zurück.

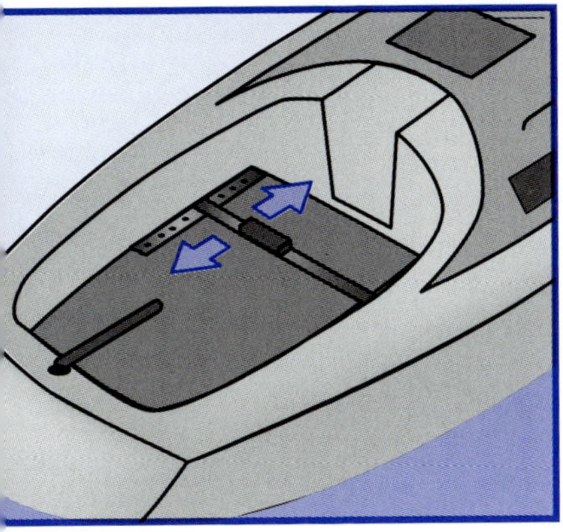

Aufgrund der möglichen großen Zugkraft empfiehlt es sich, die Haltemuttern der Genuaschienen zu unterfüttern. Es reichen allerdings große Metallscheiben.

Quietschefender

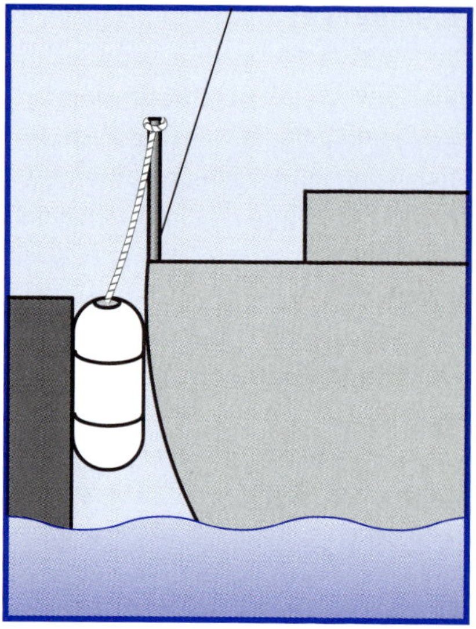

Ein Fender quietscht an der Bordwand in der Regel, weil sich die Yacht bewegt, die Kaimauer oder Brücke auf der anderen Seite des Fenders jedoch nicht. Der Fender rutscht dann lautstark an der Bordwand hoch und runter. Abhilfe verschafft ein Gummistropp, der anstelle der Fenderleine benutzt wird. Durch das dehnbare Gummi behält der zwischen Bordwand und Brücke eingeklemmte Fender am Boot seine Position. Dieser Trick funktioniert allerdings nur, wenn die Bewegungen klein sind.

Tiefenkontrolle

Farbige Kabelbinder machen das Ankern leichter. Es ist immer gut zu wissen, wie viel Meter der Ankerkette oder der Ankerleine bereits gegeben wurden. Durch die unverwüstlichen farbigen Kabelbinder, die je nach Farbe und je nach Stückzahl alle drei Meter an der Ankerkette oder Leine befestigt sind, weiß die Crew immer genau über die Länge der Kette Bescheid. Wie genau diese Markierungen ausfallen, ist jedem selbst überlassen. Es ist jedoch ratsam, sie in einem Nachschlagewerk zu notieren. So können die Notizen aussehen: 3 m 1 x weiß, 6 m 2 x weiß, 9 m 3 x weiß, 12 m 1 x rot, 15 m 2 x rot , 18 m 3 x rot , 21 m 1 x grün... usw.

Trockenes Cockpit

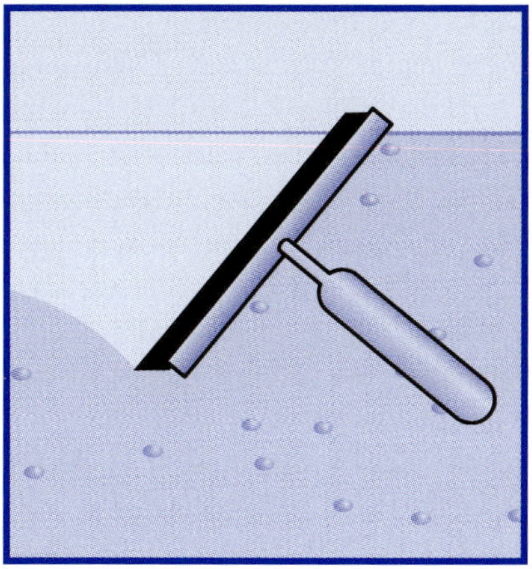

Die meisten Skipper nehmen einen Putzlappen, um ein von Regen oder Tau nasses Cockpit trocken zu wischen. Die effektivere Lösung gibt es für wenige Euro in jeder Haushaltsabteilung eines Warenhauses: einen Fensterwischer mit weicher Gummikante. Jeder, der mit diesem Haushaltsgerät die glatten Flächen im Cockpit wie Sitzbänke oder Seitenwände von Tropfen befreit hat, will es nicht mehr missen. Darüber hinaus eignet sich der Fensterwischer natürlich auch zum Fensterputzen an Bord.

Gläser bleiben heil

Wie der Name sagt, ist der faltbare, textile Schuhschrank, der an einem Kleiderbügel hängt, zum Aufbewahren von Schuhen gedacht, die in die einzelnen Taschen gesteckt werden. Jede einzelne Tasche ist allerdings auch gerade so groß, dass ein großes Weinglas hineinpasst. Findet nun der, mit leicht zerbrechlichen Weingläsern gefüllte textile „Schuhschrank“ seinen Platz im Kleiderschrank unter der Deck und hängt man ihn zwischen weiche Jacken und Hosen, ist die Bruchsicherheit der Gläser gewährleistet.

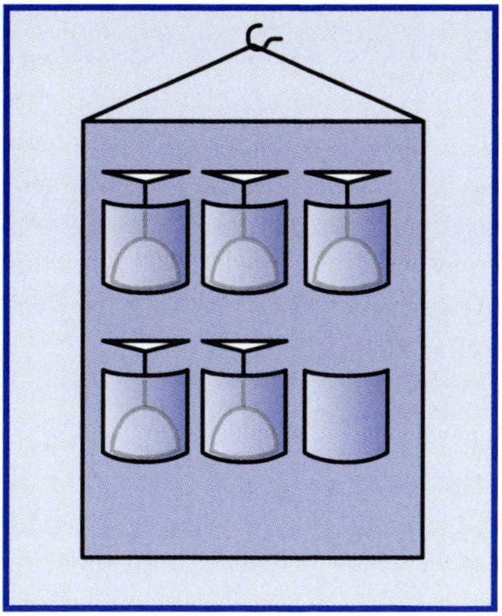

Aus richtigen Gläsern schmeckt der Wein auch an Bord einfach besser.

Mehr Licht unter Deck

Viele Eigner stören sich daran, dass durch die häufig kleinen Kajütfenster zu wenig Licht in den Salon fallen kann. Dunkel wird es vor allem dann, wenn das Schiebeluck und das Niedergangsschott geschlossen sind. Die meisten Werften bieten zweigeteilte Steckschotts aus Holz zum Schließen des Niedergangs an.

Die Lösung des Problems heißt Plexiglas. Zwei exakt nach den Maßen der Steckschotts angefertigte Plexiglasscheiben sorgen für jede Menge Licht. Die Oberkante des unteren Schotts und die Unterkante des oberen sollten so angeschrägt werden, dass sie kein Wasser durchlassen können. Möglich ist es auch, an die Unterseite des oberen Schotts eine Holzleiste zu kleben, die etwas überlappt und so den Spalt zwischen den beiden Schotts schließt. Damit das in der Regel dünnere Glasschott in der Führung nicht klappern kann, empfiehlt es sich, die Ränder mit dünnen Holzleisten zu verstärken. Epoxykleber hat sich als so haltefest erwiesen, dass auf Schrauben verzichtet werden kann. Da das Holz beim ständigen Herausnehmen und Hereinsetzen stark beansprucht wird, sollte hartes Teakholz für die Leisten benutzt werden. Ist niemand an Bord, empfiehlt es sich, die alten Holzschott zu benutzen.

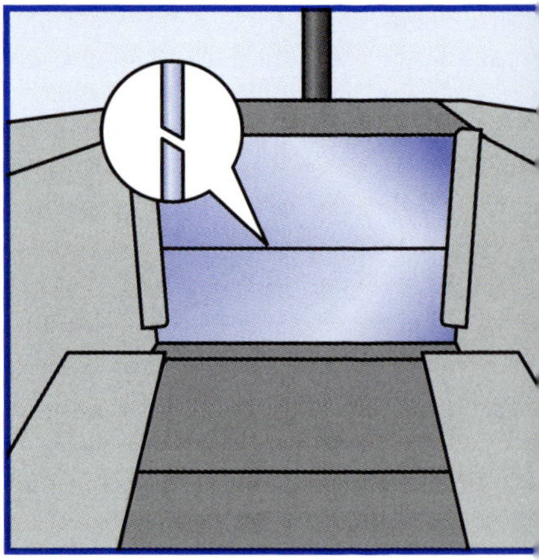

Stolpergefahr ade

Ohne Landanschluss geht heute in den Häfen so gut wie nichts mehr. Die Batterien müssen aufgeladen werden, damit all die Stromverbraucher unter Deck auch genutzt werden können. Das Landanschlusskabel kann sich da an Bord allerdings als Stolperfalle entpuppen. Professionell beseitigen kann man diese Gefahrenquelle durch aus etwa drei Millimeter starkem, rostfreiem Draht gebogenen Kabelhalterungen, mit denen die Kabel an den Relingsdraht gehängt werden.

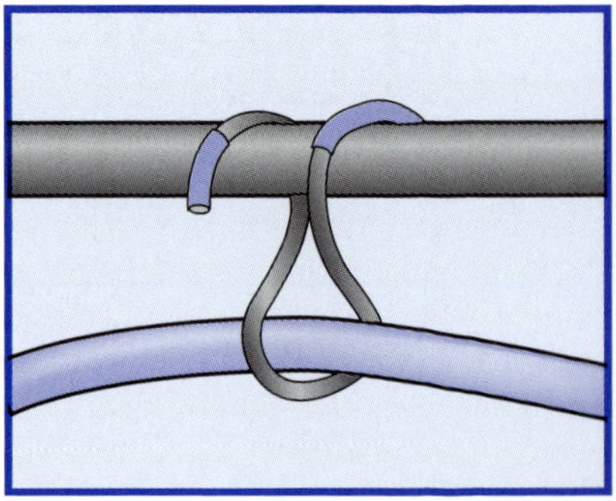

Winterlager ohne Schrammen 1

Darüber hat sich fast jeder Eigner schon geärgert: Die Abdeckplane im Winterlager hat sich durch Wind und Wetter so bewegt, dass Schäden am Gelcoat entstanden sind.

Egal wie fest die Plane auch gezogen war, irgendwann fing sie doch an zu schlagen. Die Abhilfe ist ganz einfach und sogar kostenlos. Fender, die das Boot vor Kratzern am Steg schützen, halten auch die Plane ab. Alle Fender, die es an Bord gibt, sollten längs und möglichst hoch an die Bordwand gehängt werden, dann kommt erst die Plane. Die Fender verhindern nicht nur eine Berührung der Plane mit der Bordwand, sondern sorgen auch dafür, dass

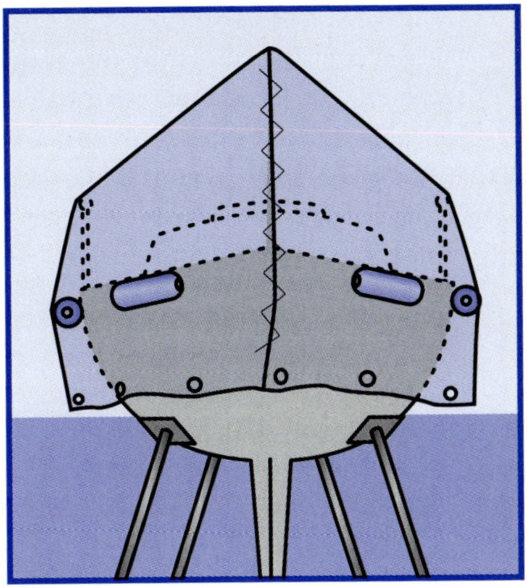

es keinen Luftabschluss gibt. So wird das gesamte Boot im Winterlager auch immer gut belüftet.

Winterlager ohne Schrammen 2

Wer eine über das Boot gelegte Winterplane nach unten durch Leinen sichert, kann nicht ausschließen, dass die durch Wind und Wetter bewegte Plane mit diesen hin- und herrutschenden Leinen unschöne Spuren am Gelcoat hinterlässt. Abhilfe können hier Schaumgummiisolierschläuche für Wasserleitungen schaffen, die es in jedem Baumarkt in verschiedenen Größen gibt. Die in etwa einen halben Meter Länge geschnittenen Schläuche werden über die Halteleinen gezogen und finden dort ihren „Einsatz“, wo die Leine das Gelcoat berührt. Gehalten werden die Isolierschläuche durch einen Knoten in der Leine unterhalb der Schläuche, über die sie nicht rutschen können.

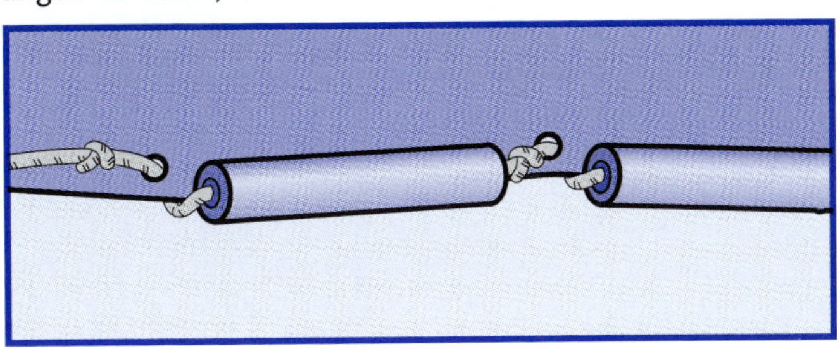

Gangway ohne Lärm

Die auf dem Heck liegende Gangway stört oftmals aufgrund der unausweichlichen Bewegungen des im Hafen liegenden Bootes nicht nur durch lautes Knarren. Sie beschädigt unter anderem das Gelcoat der Yacht oder kratzt an der Farbe. Hier helfen zwei Gummistropps, an die die Planke so aufgehängt wird, dass sie wenige Zentimeter über dem Boot schwebt. Wird die Gangway betreten, senkt sie sich ab und liegt sicher auf dem Boot. Zum Fixieren der Stropps am Heckkorb bietet sich die Halterung für die Sicherungskette des Heckkorbausganges an.

Angelsehne gegen Vogeldreck

Die Saling ist ein beliebter Landeplatz für Vögel. Die halten von hier nicht nur Ausschau nach etwas Fressbarem, sondern entledigen sich auch oftmals dessen, was sie vorher gefressen haben. Das Resultat ist ätzender Vogeldreck auf dem Deck oder schlimmer noch auf der Persenning. Zum Vogelschreck kann eine Angelsehne werden, die in etwa 20 Zentimeter Abstand über der Saling von Oberwant zu Oberwant gespannt wird. Die Schnur stört Möwen oder Krähen empfindlich beim Landeanflug auf die Saling.

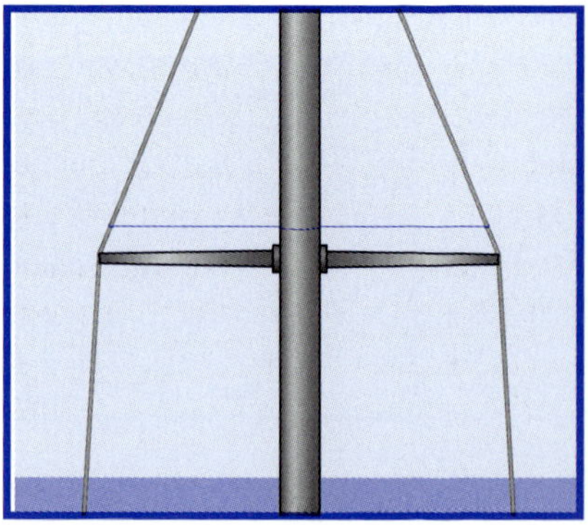

Saubere Vorschot

Während des Urlaubtörns lassen Eigner die beiden Vorschotleinen im Hafen an dem eingerollten Vorsegel angeschlagen. Die beiden Leinen werden in der Regel über die Winschen im Cockpit stramm gezogen und bilden eine Stolperfalle. Außerdem werden sie bei Regen schmutzig. Dagegen kann man etwas tun und die Schoten gleichzeitig als eine Art Sicherheitsleine zum Festhalten beim Betreten des Bootes nutzen. Dafür werden die Schoten in den Augbolzen auf der Vorseite des Mastes für den Spinnakerbaum festgeknotet und dann sauber aufgeschossen. Sie bilden so eine Leine vom Schothorn des aufgerollten und festbelegten Vorsegels bis zum Mast. Da die Höhe des Augbolzen für den Spinnakerbaum in der Höhe verstellbar ist, kann diese „Sicherheitsleine" in passender Höhe angebracht werden.

So bleiben Lacke länger einsatzfähig

Schon nach kurzer Zeit bildet sich auf Lacken, die in angebrochenen Dosen aufbewahrt werden, eine feste Haut. Sie muss vorsichtig entfernt werden, was nicht nur Zeit, sondern auch Substanz kostet. Lacke bilden keine Haut, wenn sie beispielsweise in Plastikflaschen abgefüllt werden und man diese Flaschen so schließt, dass vorher die gesamte Luft entweichen kann. Die Plastikflasche wird dafür ein wenig zusammengedrückt. Der Lack kann so monatelang aufbewahrt werden, ohne dass seine Qualität schlechter wird.

Wasser vor dem Tanken

Der Tropfen Diesel, der beim Tanken fast immer aufs Schiff kleckert, ist sehr viel leichter zu entfernen, wenn vorher die Stelle mit einer Pütz Wasser nass gemacht worden ist. Das ist nicht nur beim Teakdeck hilfreich, sondern auch auf Gelcoat. Der Grund: das Wasser lässt den Öltropfen aufschwimmen. So ist er leicht mit einem Blatt Küchenpapier zu entfernen. Beim Teakdeck sollte man sich allerdings bei der Fleckbeseitigung beeilen.

Wasserverbrauch kontrollieren

Der Wasserverbrauch auf einer Yacht ist schwer abzuschätzen. So passiert es immer wieder, dass kein Wasser im Tank ist, wenn man es benötigt. Ärgerlich ist es vor allen Dingen am Ankerplatz. Einige Eigner verhindern die ungewollte Leere im Tank durch die genaue Überwachung des Verbrauches. Das ist durch eine ganz normale Wasseruhr möglich, die es im Baumarkt gibt. Sie wird einfach mit Schlauchschellen in die Hauptwasserleitung eingebaut.

Einfach selber machen

Yachteigner mit zwei linken Händen müssen entweder sehr reich sein, oder sie sind nach wenigen Saisons pleite. Es gibt immer viel zu tun an Bord und dabei können viele Dinge einfach selbst gemacht werden. Dabei hilft eine gut sortierte Werkzeugkiste, die in der Regel auf jedem Boot zu finden ist.

Viele der Ideen in diesem Kapitel passen nach der Realisierung in das Kapitel „Leichter leben". Gebastelt wird an Bord nicht zum Selbstzweck, sondern, weil etwas verbessert werden kann.

Lochgräting

Der Bau einer individuell gefertigen Gräting für den Cockpitboden ist in der Regel ein aufwendiges Unterfangen. Einfacher geht es, eine Gräting per

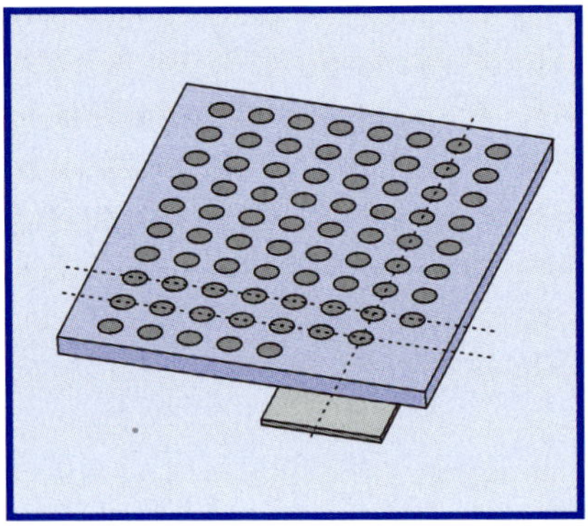

Kreisschneider (25 bis 30 Millimeter) herzustellen. Grundlage ist eine auf die Maße des Cockpits zugeschnittene Sperrholzplatte. Die Löcher werden dann in regelmäßigen Abständen mit Hilfe eines Zirkels auf die Platte gezeichnet und dann kann es mit der Sägerei losgehen. Es empfiehlt sich, eine Holzplatte unterzulegen, damit die Lochsäge die untere Schicht der Sperrholzplatte nicht partiell ausreißt. Bevor die gelochte Gräting jetzt lackiert oder geölt wird, sollten die Kanten mit Schmirgelpapier bearbeitet werden.

Relingsstütze als Fenderhalter

Wenn das Laufdeck neben dem Kajütaufbau breit genug ist, können Fender mit Hilfe von Gummistrops dort ihren Platz finden, wo man sie im nächsten Hafen benötigt: direkt an der Relingstütze in der Bootsmitte – allerdings auf der Innenseite.

Die Fender werden hochkant neben einer Stütze aufgestellt und dort jeweils mit zwei passenden Gummistropps stramm an der Relingstütze befestigt. Am besten benutzt man Gummibänder, die an jedem Ende einen Metallhaken haben, so wie sie zum Befestigen von Taschen auf einem Fahrradgepäckträger angeboten werden.

Wichtig ist, die richtige Länge für die Dicke der Fender herauszusuchen, denn wenn die Fender durch die Gummis stramm an die Stütze gedrückt werden, können sie sogar herüberkommendem Wasser trotzen. Wer die Leinen der Fender am Relingsdraht angeschlagen lässt, hat nicht nur eine zusätzliche Sicherung, er braucht vor dem Einlaufen in den Hafen auch keine neuen Webleinsteke zu knoten.

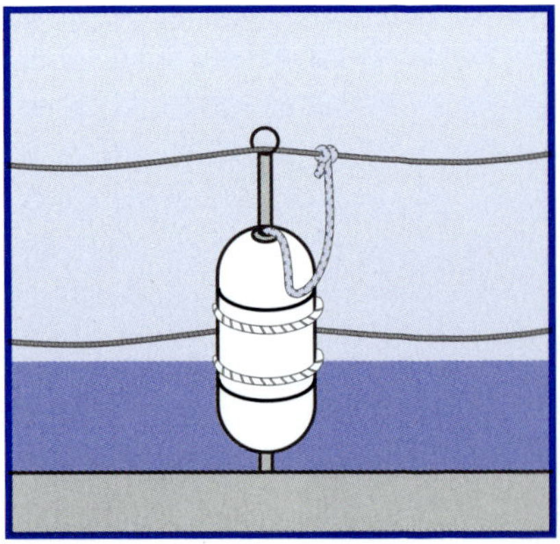

Armverlängerung

Kleine Mühe, große Wirkung. Das trifft bei der Nachrüstung des Bootshakens mit einem kleinen, gebogenen Alublechstreifen zu. Das mit zwei Blechschrauben in Höhe des Hakens angebrachte Aluminiumblech wird so weit nach außen gebogen, dass es als Halter für einen großen Palstek dienen kann. Bei Anlegemanövern wird dieser modifizierte Bootshaken häufig gebraucht werden, genauer gesagt immer dann, wenn der Poller zum Belegen des mit einem Palstek versehenen Festmachers nicht in Armreichweite liegt. Der Bootshaken ist dann die Armverlängerung. Palstek am Haken um den Poller legen, Bootshaken nach hinten ziehen, Festmacher stramm ziehen, so einfach geht es.

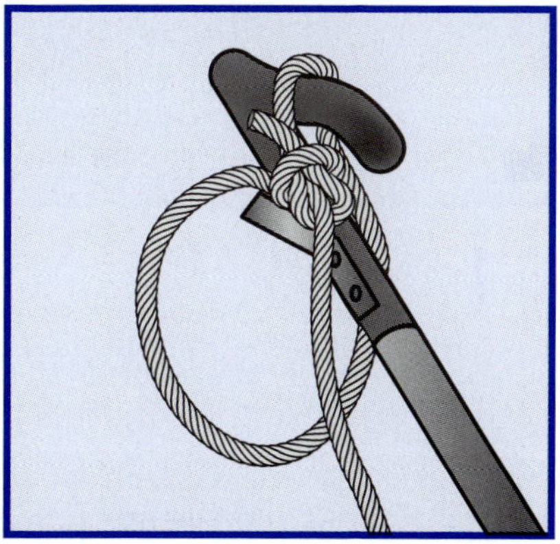

Trockenrasur

Je mehr vom Teakdeck weg geschrubbt wird, um so höher ragen die schwarzen Vergussfugen aus Gummi empor. Es empfiehlt sich, das überschüssige Gummi von Zeit zu Zeit zu entfernen. Profis haben dafür spezielle Stecheisen. Manche schleifen den Gummiwulst auch ab. Allerdings besteht dann die Gefahr, auch das Teakdeck weiter zu verdünnen. Als einfache und das Holz schonende Lösung hat sich das Abrasieren der Gummiwülste mit Einwegrasierern erwiesen. Sie sollten danach allerdings nicht mehr benutzt werden, um den Bart zu entfernen.

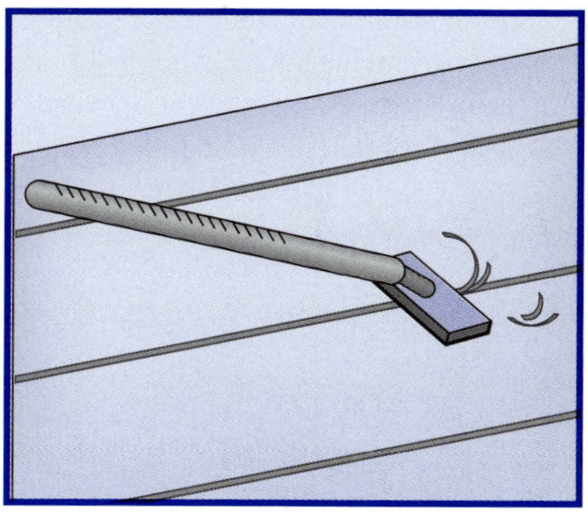

Knarrgeräusche ade

Die Yachten der Edelmarken haben es schon lange und auch immer mehr Werften der Mittelklasse sorgen durch Gummidichtungen dafür, dass die Bodenbretter unter Deck nicht mehr knarren. Selbstklebende dünne Gummidichtungen für Fensterrahmen aus dem Baumarkt ermöglichen jetzt jedem Eigner, Ruhe ins Schiff zu bringen. Wichtig ist eine gute Reinigung der Untergründe, auf denen die Bodenbretter liegen und die die Unterlage der Gummidichtung werden sollen.

Bremsklotz hält Kurs

Immer wieder gibt es Situationen, in denen die Pinne nur für einen Augenblick losgelassen werden muss. Wenn die Segel nicht exakt ausgetrimmt worden sind oder das Boot unter Motor läuft, ändert es in diesem Moment seinen Kurs. Abhilfe ist bei den Yachten möglich, bei denen der Ruderkopf der klappbaren Pinne beim Hochklappen fast den Boden berührt.

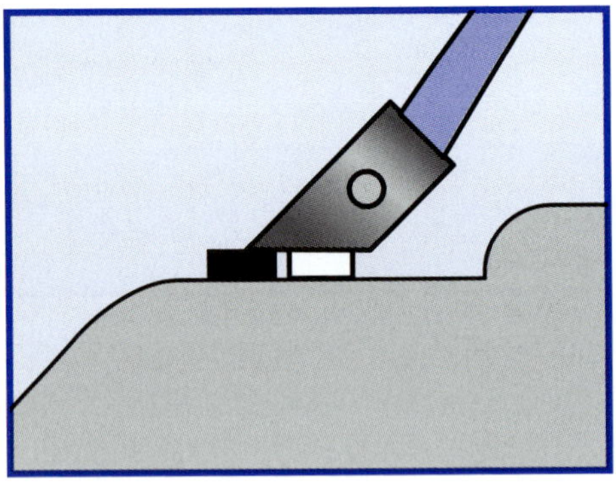

In diesem Fall sollte als mögliche Fixierung nach Art eines Bremsklotzes eine kleine, etwa zwei Zentimeter dicke Hartgummiplatte benutzt werden. Sie hat eine bremsende Wirkung, wenn sie dort ihren Platz findet, wo sie den hochgeklappten Pinnenkopf fixieren kann. Das Boot wird so auch bei losgelassener Pinne erst einmal weiter geradeaus fahren. Allerdings ist diese Fixierung immer nur eine Lösung für einen kurzen Augenblick. Bei länger geplanten Fahrten ohne den starken Arm des Steuermannes bleibt nur der Einsatz einer Selbststeueranlage.

Seekarten Schnellsuche

Seekarten auf dem Navigationstisch rutschen bei Lage trotz einer Sicherung durch Tischdeckenklammern häufig weg und landen auf dem Boden. Sicher untergebracht und schnell aufzufinden sind sie unter dem großen Deckel des Navigationsfaches. Dafür kann man sich auf der Unterseite des Deckels mit einigen Holzlatten ein Kartenstaufach bauen. Mit Hilfe eines hochfesten Epoxyklebers sind dafür nicht einmal Schrauben notwendig. In solch einem Fach können dann immer die gerade benötigten aktuellen Seekarten untergebracht werden.

Ruhigsteller im Hafen

Die Idee ist so simpel, dass kaum jemand darauf kommt. Die Halterung für einen elektrischen (Auto-) Pinnenpiloten ist bestens geeignet, um die Pinne im Hafen zu fixieren. Man nehme ein Aluminiumprofil in der Länge des Pinnenpiloten, das vom Fixierungsfuß auf der Cockpitbank oder auf dem Süll bis zur Pinnenpilotenhaltung unter der Pinne reicht. Passende Ansatzstücke sind ein Winkel und eine Öse, die in dem Aluminiumprofil mit Epoxykleber fixiert werden. Durch diese Halterung kann auch starke Strömung das Ruder im Hafen nicht mehr bewegen. Es herrscht Ruhe.

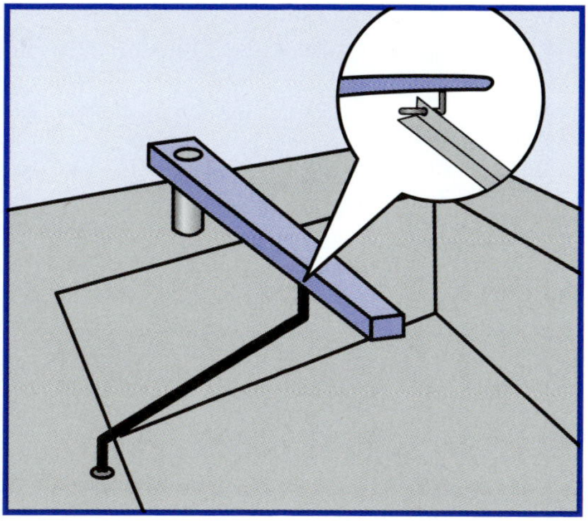

Stromkontrolleur

Eine kleine Stromprüflampe, die es in jedem Elektroladen gibt, kann dafür sorgen, dass der Skipper von Anfang an weiß, ob es Strom in der Landsteckdose gibt oder nicht. Wer in den Häfen häufig Landstrom nutzt, weiß, dass es immer wieder passiert, dass die „Lichter" an Bord ausbleiben, obwohl man den Stecker ordnungsgemäß in die Steckdose gesteckt hat. Die Fehlersuche beginnt dann meistens an der Steckdose mit einem Stromprüfer. Mit der kleinen permanenten Kontrollleuchte, die in den Sicherheitsstecker eingebaut und am Kabelausgang ausgeführt wird, ist von Anfang an zu sehen, wo der Fehler liegt. Bleibt die Lampe dunkel, ist die Sicherung an der Steckdose oder sogar die des gesamten Steges herausgeflogen.

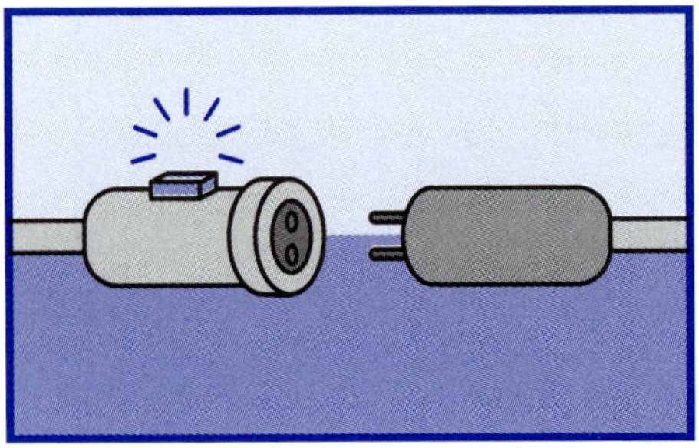

Alu-Leiter als Gangway

Eine einfache Leiter aus Aluminiumprofilen, eine wasserfeste Sperrholzplatte sowie zwei schwenkbare Möbelrollen sind die Zutaten für eine robuste Gangway, die einfach zu bauen ist. Die mehrfach lackierte Sperrholzplatte wird für die Maße der Leiter passend gesägt. Sie muss in die Leiter passen. Diese Platte befestigt man dann mit rostfreien Gewindeschrauben und Muttern auf den Sprossen. Zur Landseite werden dann die beiden Möbel-rollen an die Unterseite der Leiter geschraubt. Bordseitig werden zwei Löcher direkt hinter der ersten Sprosse durch das Sperrholz gesägt, durch die Festmacherleinen gezogen werden können. In Notsituationen kann die Leiter auch als Fenderbrett benutzt werden, allerdings sollte die glatte Holzseite dann immer nach außen weisen, damit sich das Brett nicht verhaken kann.

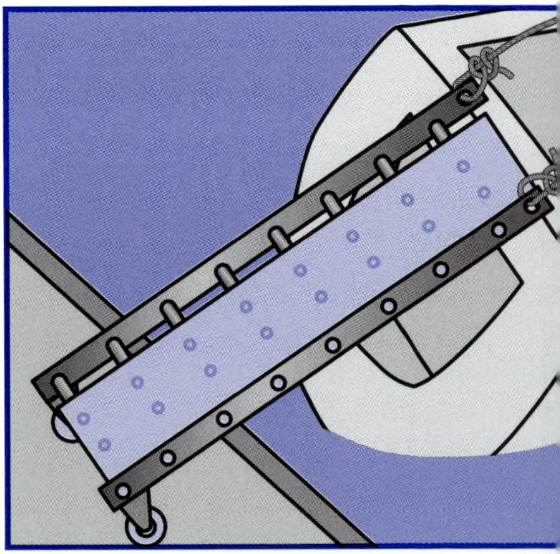

Fenderbrett als Gangway

Ein Fenderbrett, mit dem die Yacht sicher an Pollern oder zerklüfteten Spundwänden festgemacht werden kann, eignet sich auch gut als Gangway, wenn man dies bei der Anschaffung von vornherein einplant. Das Brett sollte dann etwas länger werden, als in der eigentlichen Funktion als Fenderbrett. Damit der Auf- oder Abstieg in der Funktion als Gangway unproblematisch ist, empfiehlt es sich, auf der Oberseite in Abständen von etwa 40 Zentimeter flache Querleisten auf das Brett zu schrauben. Sie erschweren ein Abrutschen, auch wenn das Brett einmal eine etwas steilere Verbindung zwischen Schiff und Brücke bildet. Diese Seite des Brettes sollte beim Gebrauch als Fenderbrett immer die Innenseite sein, die durch Fender von der Bordwand abgehalten wird.

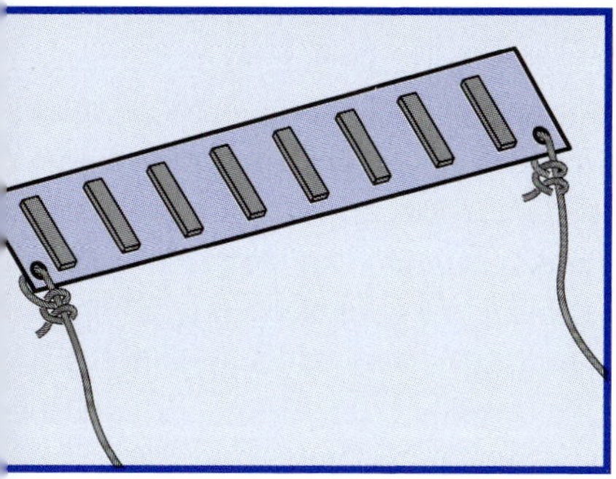

Elektronische Seekarte im Cockpit

Der Siegszug der elektronischen Seekarten mit integriertem GPS ist auch in der Sportbootfahrt unaufhaltsam. Nur, wo soll das Gerät mit dem Bildschirm bleiben? Am effektivsten ist der Einsatz im Cockpit. Dort gibt es aber auf kleinen Yachten kaum Platz. Die gute Idee einiger Segler: Sie bauen sich ein kleines Stegschot, auf dem das Gerät fest montiert wird. Durch eine Kabelsteckverbindung zum Sicherungskasten gibt es den notwendigen Strom. Wer sich jetzt auch noch zwei kurze Führungsschienen am Navigationstisch bastelt, kann das Gerät samt Schott auch unter Deck sicher verstauen. Möglich ist es auch, auf dem Schot den Bildschirm eines Radargerätes zu installieren.

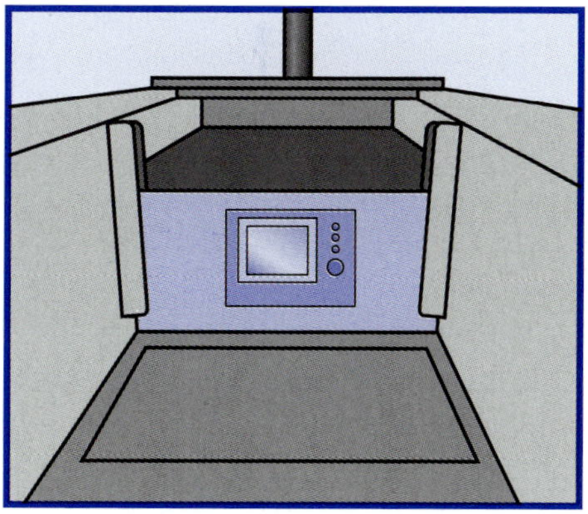

Hitzeschild als Lampenhalterung

Die an der Kajütdecke aufgehängten Petroleumlampen bilden durch ihre Hitzeabstrahlung eine Gefahr für die Deckenverkleidung und hinterlassen darüber hinaus Rauchspuren. Das Problem beseitigt eine mit Kupferblech beschlagene Halterung. Die Grundlage der Halterung ist eine rund geschnittene Sperrholzplatte in der Größe, die zum Schutz der Deckenverkleidung notwendig ist. Ein Kantenumleimer in der Holzsorte des Kajütausbaues sorgt für ein stimmiges Bild, wenn die Platte an der Decke angebracht ist. Vorher wird sie jedoch mit einem kreisrunden, passenden Kupferblech (Kupfernägel) beschlagen. Passend dafür sollte auch der Haken in der Mitte des runden Schutzschildes zum Anbringen der Lampe aus Kupfer oder Bronze sein.

Mehr Stauraum

Die Backskisten sind in der Regel Stauräume ohne Unterteilung. Schon nach einem wenige Meilen langen Törn bei Seegang kann es dort ein großes Durcheinander geben. Vor allem kleines Staugut verschwindet oftmals unter größeren Dingen und muss mühsam gesucht werden. Flache, selbstgebaute Holzkisten oder passende Plastikkisten wie kleine Wäschekörbe, die in ihren Längenabmessungen gerade in die Backskiste passen, lösen das Problem. Mit zwei Holzleisten auf denen die Kisten stehen, kann sogar für eine zweite Ebene in der Backskiste gesorgt werden. Wichtig ist nur darauf zu achten, dass das Schließen des Deckels möglich bleibt.

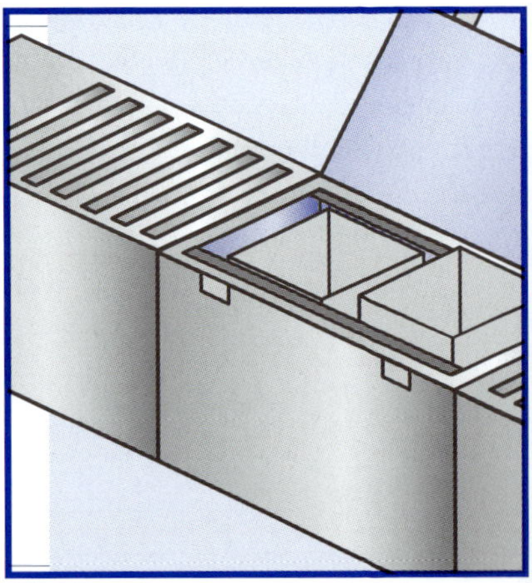

Glasluken-Verdunkelung

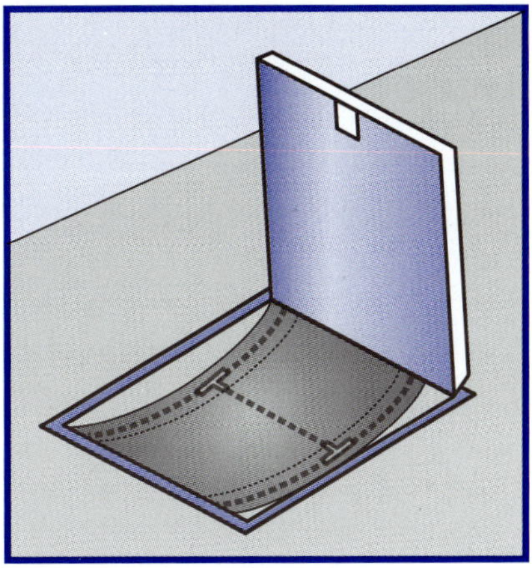

Das Material - drei Glasfiberstäbe, zwei T-Stücke und leichtes dunkles Kunststofftuch - gibt es in jedem Laden für Drachenzubehör. Zwei der Glasfiberstäbe, die als Haupthalterung für eine von unten in die Luke gedrückte Verdunkelung dienen sollen, werden ein wenig größer gesägt als die Maße der Luke sind. Sie sollen leicht unter Spannung gesetzt das Tuch halten. Die dritte Stange wird exakt nach Maß der inneren Luke geschnitten, so dass sie von den jeweils in der Mitte angebrachten T-Stücken der beiden Haltestangen das Tuch stützen kann. Für die beiden Halteglasfiberstangen werden im Stoff zwei Hohlsäume mit Aussparungen für die T-Stücke genäht. Eingesetzt wird die Verdunkelung so, dass das Tuch auf der mittleren Glasfiberstange liegt. Benötigt man die Verdunkelung nicht, ist sie einfach auseinanderzunehmen und benötigt kaum Platz beim Verstauen.

Mückenschutz für Deckslukenschutz

Das ist die einfachste und am schnellsten zu ergreifende Maßnahme gegen

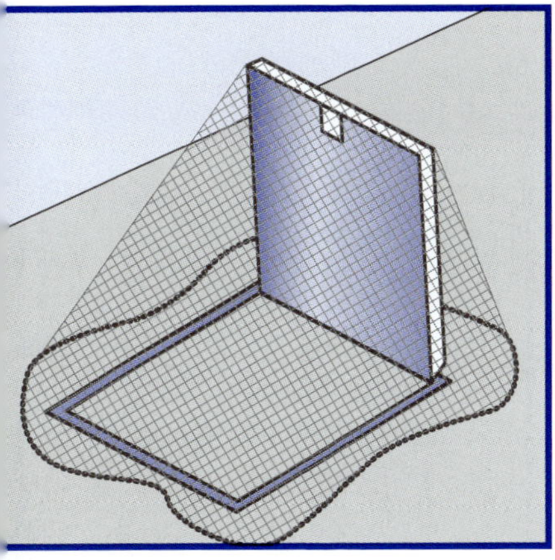

stechende Plagegeister, bei der die Luke trotzdem aufbleiben kann. Ein feinmaschiges Mückennetz, das mit einem Bleiband (normalerweise für Gardinen gedacht) umsäumt wurde, wird über die geöffnete Luke gelegt. Das Netz sollte groß genug sein, dass es auch bei steil nach oben geöffneter Luke den Weg für die Mücken versperrt.

Luft ins Schiff bei Regen

Bei Regen müssen die Decksluken des Schiffes geschlossen werden, da es sonst bekanntermaßen ins Boot regnet. Mit einem selbst gebastelten Gestell aus Sperrholz oder einer Polyacryl-Platte kann die Luke jedoch auch bei Regen etwas geöffnet sein und durch in das Gestell gebohrte Luftlöcher für Durchzug sorgen. Grundlage des Offenhalters sind zwei dreieckig gesägte Teile in dem Winkel, in dem die Luke geöffnet bleiben soll und ein rechteckiges Teil für die Front. Mit Hilfe von Scharnieren, mit denen das Gestell zusammengeklappt werden kann, gibt es keine Stauprobleme, wenn der Offenhalter nicht benötigt wird.

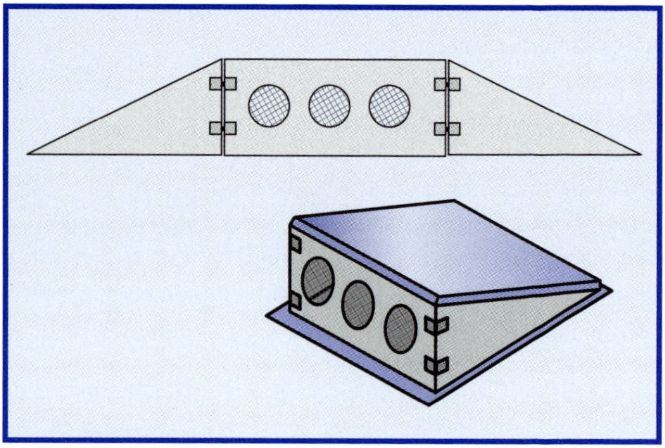

Die mit einer Lochsäge ausgeschnittenen Luftlöcher sollten mit Mückenschutzgitter bedeckt werden (einfach von innen einkleben), um unangenehmen Insektenbesuch zu verhindern.

Sichere Muringleine

Für viele Eigner mit eigenen Muringliegeplätzen sorgen Ablegemanöver häufig für Stress, denn es kann vorkommen, dass die Muringleine nicht schnell genug absackt. Es besteht dann die Gefahr, dass sie in den Propeller gerät. Sogenannte Bleiankerleinen sorgen für Abhilfe. Diese speziellen Leinen, die eine Ankerkette ersetzen, sind zwar sehr viel teurer als normale Festmacherleinen, aber sie haben den Vorteil, dass sie bedingt durch ihr hohes Gewicht sofort auf den Grund sacken.

Heckkorbsitz aus Holz

Eine Säge, eine Sperrholzplatte (mindestens 14 Millimeter dick), drei Halbschellen aus nichtrostendem Stahl und passende Schrauben sind der Grundstock für einen bequemen Hecksitz, den es normalerweise nur auf großen Yachten gibt. Mit einer Schablone aus Pappe ist die optimale Form zu nehmen, die Umsetzung dann kinderleicht. Wichtig sind abgerundete Formen, damit sich niemand an Ecken stoßen kann und die Versenkung der Schrauben in das Holz, damit die Hose nicht hängen bleibt.

Damit das Werk auch Feuchtigkeit und Regen überdauert, ist am Schluss eine mehrfache Lackierung mit Bootslack notwendig.

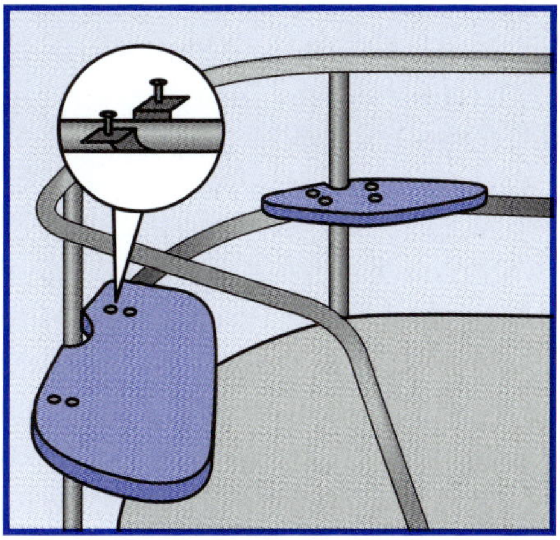

Beschlagmontage auf Sandwichdecks

Ein selbstgebautes Werkzeug in Form eines im 90-Grad-Winkel gebogenen Nagels hat jeder Bootsbauer in seinem Werkzeugkasten parat. Bootseigner, die einen Beschlag auf das Sandwichdeck ihrer Yacht montieren wollen, müssen sich dieses Werkzeug basteln, denn nur damit gelingt eine feste Montage der Beschläge. Der Nagel wird in eine Bohrmaschine geschraubt und sorgt dann dafür, dass im Sandwichdeck zwischen den Trägerschichten Platz für Epoxyharz entsteht. Dieses ausgehärtete Harz ist das notwendige Fundament für den Beschlag. Bevor der Nagel in der Bohrmaschine befestigt wird, muss allerdings ein Loch ins Deck gebohrt werden, in das er hineinpasst. Das untere Loch, aus dem ein Teil des Kernmaterials herabrieselt, ist mit Tape zuzukleben, bevor Epoxy zum Einsatz kommt.

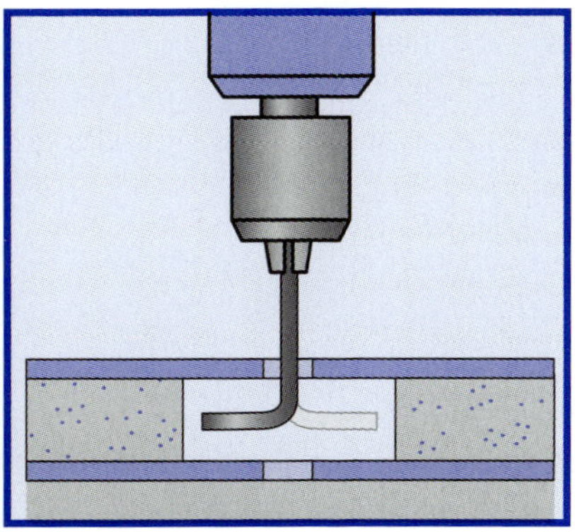

Wetterschutz fürs Motorpaneel

Eigentlich werden die etwas versenkten Motorpaneele im Cockpit mit Zündschloss, Warnleuchte, Anlasserknopf und Tankanzeige vom Hersteller als wetterfest eingestuft. Bei Dauerregen mit viel Wind, der das Wasser in das Zündschloss hineinbläst, kann es allerdings Ärger mit dem Starten geben. Besser ist es da, das Paneel zu schützen und das ist ganz einfach. Man benötigt nur ein paar nicht rostende Blechschrauben und eine durchsichtige, flexible Plastikplatte, die es im Baumarkt gibt. Mit einem Teppichmesser schneidet man die Platte auf das Maß der Außenkanten des Paneels und schraubt sie an deren oberer Kante an, so dass sie leicht hochgeklappt werden kann, um den Zündschlüssel drehen zu können.

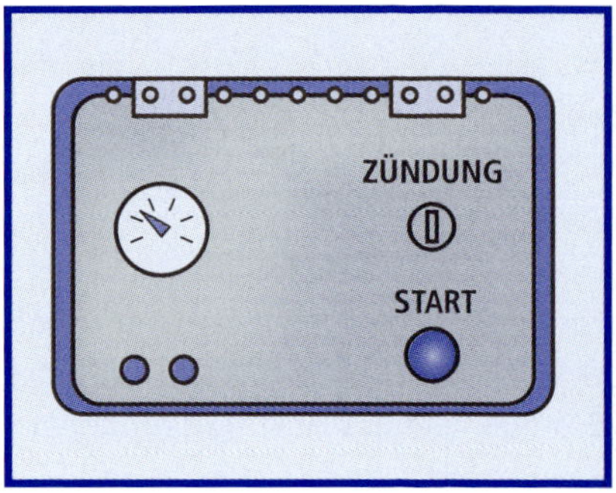

Rückenlehne für den Steuermann

Der Einstieg im Heckkorb ist in der Regel durch einen gummierten Draht oder eine Kette mit je einem Karabinerhaken am Ende gesichert. Als gemütliche Rückenlehne für den Steuermann eignet er sich nicht. Wer allerdings einen Isolierschlauch für dünne Wasserleitungen aus dem Baumarkt über den Draht zieht, hat eine Rückenlehne. In der Regel sollte man zunächst ein Stück Gartenschlauch zur Unterfütterung einsetzen, da sich sonst der dünne Draht bei Belastung schnell durch den Isolierschlauch drücken kann.

Unorthodox

Was unorthodox an Bord ist, muss jeder Skipper selbst entscheiden. Viele der folgenden Tipps und Tricks sind einfach nur praktisch – egal ob sie nun ins maritime Umfeld passen oder nicht. So erfüllt der Rückspiegel am Heck einer Yacht tatsächlich seinen Zweck und der Plastikkleidersack eignet sich hervorragend zum Abtropfen des nassen Ölzeugs. Lesen Sie mehr der unorthodoxen Ratschläge für das Leben an Bord.

Fett auf den Propeller

Manche Segler schmieren Melkfett auf den Propeller ihres Bootes, denn die teuren, konfektionierten Spezial-Antifoulings für die Schraube haben einen gewissen Enttäuschungseffekt. Allerdings ist bei ihrer Anwendung auch haargenau der Gebrauchsanweisung zu folgen. Besser als Melkfett, das schon nach kurzer Zeit durch die Reibung des schnell drehenden Propellers im Wasser abgebaut wird, wirkt das zähe, seewasserbeständige Stevenrohrfett oder das Radlagerfett für Trailer. Wer die Gelegenheit hat, dieses Fett zwei- bis dreimal während der Saison zu erneuern, kann wirklich damit rechnen, am Ende des Segelsommers kaum Bewuchs auf der Schraube zu haben.

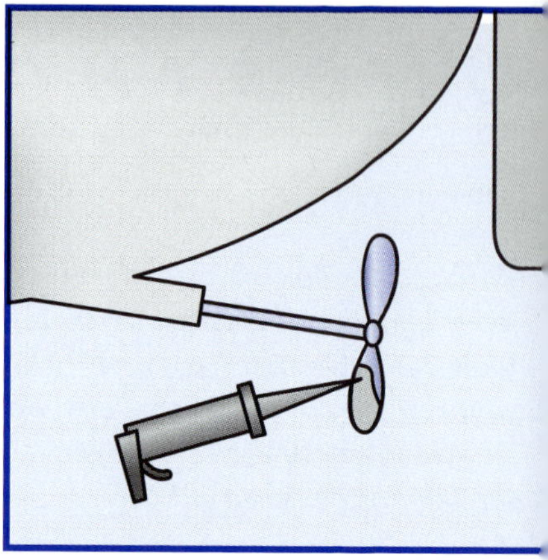

Notmotor

Wenn der Bootsdiesel einmal ausfällt, bleibt immer noch der Außenborder vom Beiboot als zwar schwacher, aber durchaus wirksamer Notmotor. Für seinen Einsatz am Heck einer Yacht eignet sich die Badeleiter. Eine Halterung, mit der der Motor schnell auf die Leitersprossen gesetzt werden kann, ist einfach zu bauen.

Es ist nichts weiter erforderlich als ein dickes Brett mit zwei L-förmigen, angeschraubten Halterungen aus Holz, die so bemessen sind, dass sie in ihrer Länge über zwei Leitersprossen reichen. Beide Halterungen sollten mit einem sogenannten Vorreiber auf den Unterseiten der Sprossen verriegelt werden können, damit der Motor nicht beim Gasgeben samt Halterung nach oben wegwandern kann und sich ins Wasser verabschiedet. Wichtig ist auch, das abgekippte untere Ende der Leiter mit einer Leine zu sichern, damit es nicht beim Rückwärtsfahren nach oben kippt.

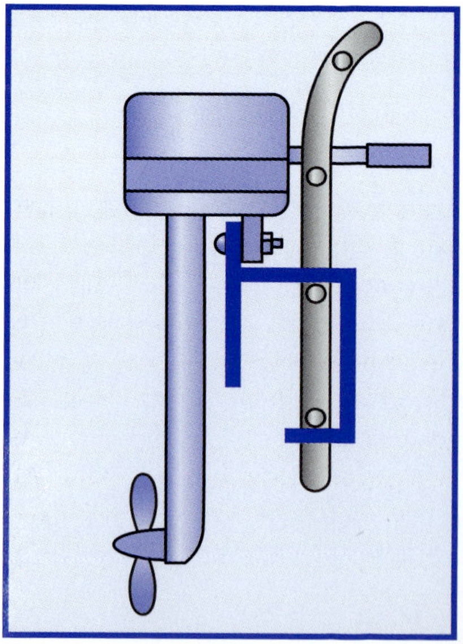

Universeller Bootshaken

Um bei leichteren Winden für kurze Zeit einmal das Vorsegel auszubaumen, würde oftmals der Bootshaken ausreichen. Allerdings macht man es nicht, da er nicht am Mastbeschlag befestigt werden kann. Ein kleiner Spibaumbeschlag am Ende des Bootshakens schafft Abhilfe. Der Haken wird dann in das Schothorn gesteckt. Wenn der Bootshaken für seine eigentlichen Aufgaben eingesetzt wird, stört der Spibaumbeschlag nicht. Er kann allerdings wieder hilfreich sein, wenn der Bootshaken als Armverlängerung eingesetzt wird, um beispielsweise ein großes Auge um einen Poller zu legen. Der Spibaumbeschlag muss nach dem Überlegen des Festmachers nur mit Hilfe einer kleinen Reißleine geöffnet werden können, damit man ihn vom Auge abziehen kann.

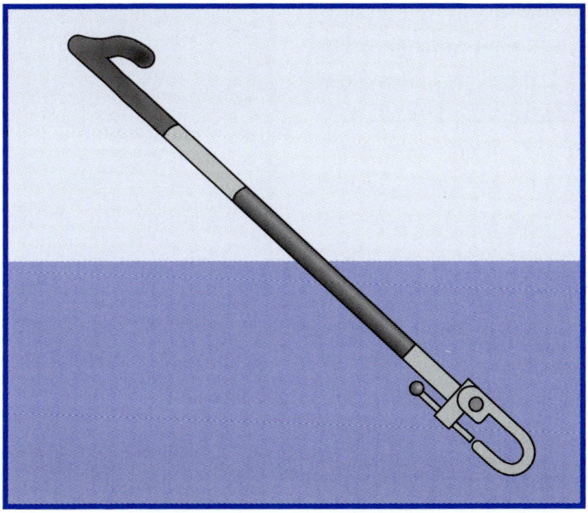

Zitrone statt Essig

Die Wirksamkeit von Essigreinigern für Pantry oder Nasszelle ist allgemein bekannt. Störend ist allerdings der Essiggeruch, der in den kleinen Räumen eines Bootes besonders intensiv auftritt. Eine Alternative ist die Reinigung mit Zitronensäure. Sie wird zum Reinigen wie Essigsäure eingesetzt, ist allerdings nahezu geruchslos. Wirksam ist Zitonensäure in flüssiger Form – wie man sie als Extrakt in allen Lebensmittelgeschäften kaufen kann – genauso wie in Pulverform (Ascorbinsäure). Es gibt sie in jeder Apotheke für wenige Euro. Das Mischungsverhältnis zum Reinigen: einen gut gehäuften Esslöffel für fünf Liter Wasser.

Weicher Sitzen

Bei Regen oder wenn Spritzwasser ins Cockpit gelangt, werden handelsübliche Cockpitkissen unter Deck befördert, denn wenn sie einmal nass geworden sind, brauchen sie lange zum Trocknen. Viel schneller trocknen Iso-Matten und die sorgen als Unterlage auch für komfortables Sitzen. Die Matten, die es für wenig Geld beim Campingbedarf gibt, können mit einer Schere auf die Maße der Sitzbank zugeschnitten werden. Wer ganz sicher gehen will, dass sie auch bei viel Wind auf den Cockpitbänkern bleiben, wenn sie einmal nicht von einem Hintern beschwert sind, befestigt sie mit Klettverschlüssen im Cockpit. Passend zugeschnittene Iso-Matten eignen sich so befestigt auch als weiche Rückenlehnen.

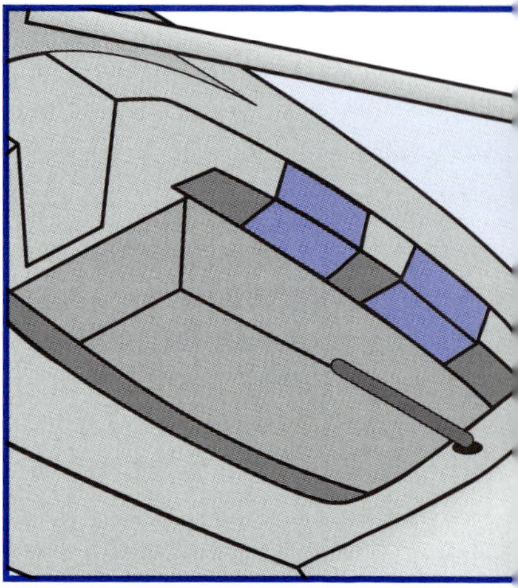

Flügelmutterhaken

Ob außen oder unter Deck: An Bord gibt es immer zu wenig Möglichkeiten, etwas festzubinden oder aufzuhängen. Eine Lösung des Problems können große Flügelmuttern sein. Dort, wo sich ein Gewindeende blicken lässt, gibt es Platz für eine Flügelmutter. Manchmal kann man auch eine normale Mutter durch eine Flügelmutter ersetzen. Hat man dann ihre Flügel mit Hilfe eines Metallbohrers mit zwei Löchern versehen, bieten sich jede Menge neue Befestigungsmöglichkeiten. Dort gibt es die Möglichkeit Haken anzubringen oder aber die „Ösen“ für Bändsel zu nutzen, mit denen auch viele Dinge festgebunden werden können. Und ohne gebohrte Ösen bieten sich die Muttern als Kleiderhaken an

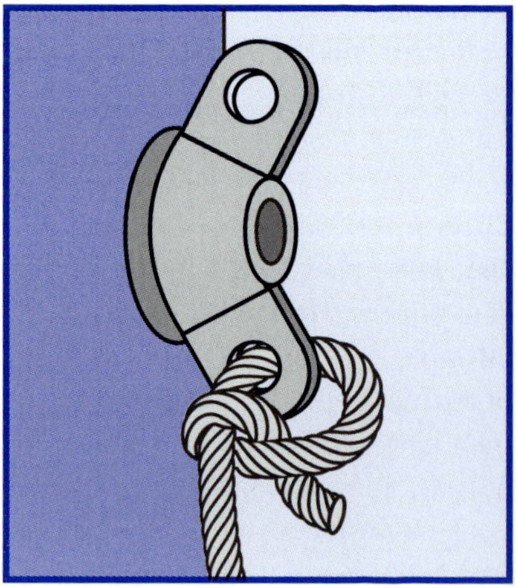

Wurfleine mit Gummiring

Viele Eigner haben sich für den Notfall (Mann-über-Bord-Manöver) eine konvektionierte Wurfleine in einem eigens dafür gefertigten Sack an den Heckkorb gehängt. Kaum einer kommt auf die Idee, diese Leine auch für Anlegemanöver zu nutzen, weil sie so gut verpackt ist. Wer diese Hilfsleine weiterhin nur im Notfall einsetzen will, sollte sich eine Wurfleine für den alltäglichen Gebrauch basteln. So eine Leine hat schon so manch ein Anlege-manöver erleichtert. Es empfiehlt sich, eine dünne, schwimmbare Leine an einen Wurfring aus Gummi, der eig-entlich für eine sportliche Betätigung am Strand gedacht ist, zu binden.

Das andere Ende der Leine sollte mit einem Auge versehen werden, damit man schnell einen Festmacher daran binden kann. Mit dem Gummiring können erstaunliche Entfernungen auch gegen den Wind überwunden werden.

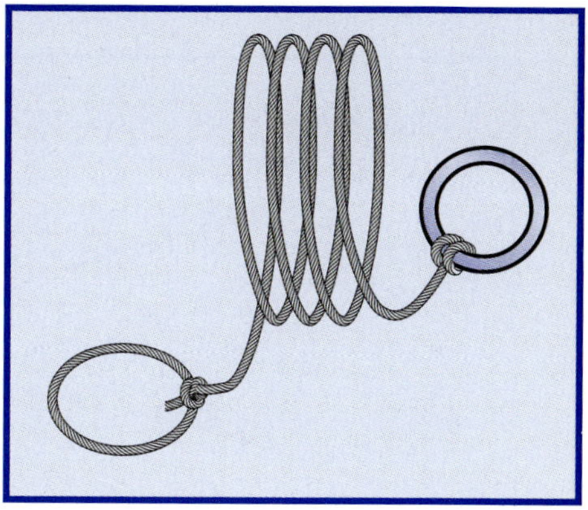

Logbuch aus dem Internet

Viele Skipper ärgern sich über die horrenden Preise für Logbücher und haben einen Ausweg gefunden: Das Internet. Dort bieten freundliche Was-sersportler Vordrucke zum Herunter-laden an und das ganz kostenlos. Suchmaschinen spucken unter dem Begriff „Logbuch" oft mehrere Anbieter aus. Wer einen Computer besitzt, hat auch meistens einen Drucker und so erhält man ein Logbuch zum Papier- und Tintenpreis. Günstiger geht es nicht. Gelocht und in einem Ordner untergebracht, bietet das selbstgemachte Logbuch alles das, was sonst nur in einem konfektionierten, teuren Logbuch zu finden ist.

Heckspiegel fürs Kühlwasser

Manchmal sieht man im Hafen realisierte Ideen von Eignern, die im ersten Moment eher komisch wirken. Wie zum Beispiel ein Rückspiegel, mit dem der Kühlwasseraustritt kontrolliert werden kann. Es handelte sich dabei um einen Zusatzrückspiegel für Autos, der normalerweise neben dem Rückspiegel montiert wird, um auch einen anderen Winkel im Blick zu haben.

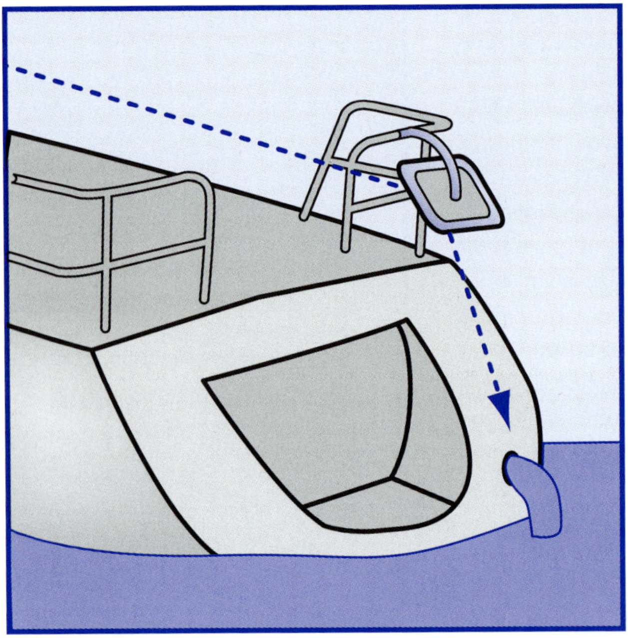

Montiert war der Rückspiegel mit Kabelbinder am Heckkorb. So muss sich der Rudergänger nicht mehr weit über die Reling beugen, um das austretende Kühlwasser beim Motoren zu kontrollieren.

Einfache Fußbodenheizung

Die Wärme steigt immer nach oben. Auch in der Kajüte. Da hat die Crew heiße Köpfe, aber kalte Füße. Gibt es einen 220-Volt Landanschluss, kann damit Schluss sein. Allerdings darf man dann keine Schuhe anhaben. Die Lösung des Problems ist eine einfache Heizdecke. Die verbraucht in der Regel 300 Watt und strahlt wohlige Wärme aus – direkt auf dem Fußboden. Mit Schuhen darf man diese Decken aber nicht betreten. Dabei könnten sie beschädigt werden.

Rotlicht für die Nacht

Nachtfahrten sind bei den meisten Eignern eine Ausnahme, deshalb wird kaum jemand in Navigationsecke und Salon mit großem Aufwand blendfreies rotes Licht installieren. Da dieses Licht jedoch jeden Törn in der Dunkelheit komfortabler macht, haben einige Skipper eine Alternative entdeckt: batteriebetriebene rote LED-Rücklichter für das Fahrrad. Diese konfektionierten Rückleuchten können schnell dort befestigt werden, wo man sie benötigt, und die Batterien haben durch die LED-Technologie eine lange Lebensdauer und sind kostengünstig in der Anschaffung.

Schwalbennest-Ersatz

Sogenannte Schwalbennester im Cockpit erhöhen den Komfort für die Crew. Man kann Kleinigkeiten schnell und sicher verstauen, die Dinge aber genauso schnell wieder parat haben. Immer mehr Yachten haben keine Schwalbennester – dafür aber Platz für eine einfach zu installierende Ersatzlösung. Diese findet man im Autozubehörgeschäft. Es sind sogenannte Kofferraumtaschen, die mit Druckknöpfen befestigt werden können. Der beste Platz auf kleinen Yachten für diese Staumöglichkeiten ist die achtere Cockpitabgrenzung unter dem Ruder. Die Taschen bestehen aus Kunststoff, die Druckknöpfe aus nicht rostendem Stahl. Trotzdem sollten die Taschen nicht allzu lange den Wetterunbillen ausgeliefert sein. Nach dem Törn werden sie einfach abgeknöpft und in die Backskiste gelegt.

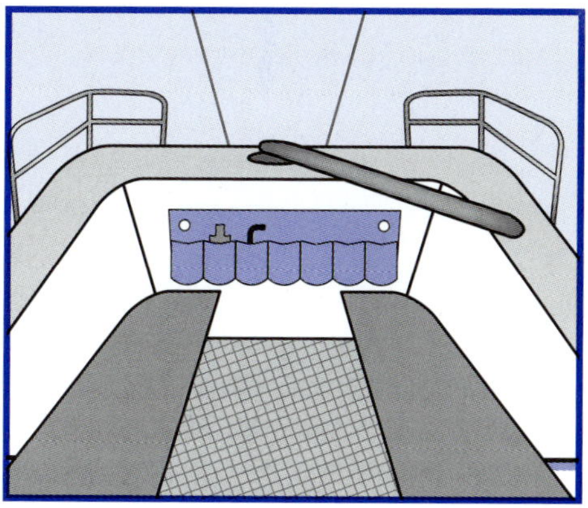

STANDARDS

Es sind einige grundsätzliche Dinge aufgeführt, die man immer wieder an Bord wissen will und dann in unterschiedlichen Büchern sucht. Schon die „Basics“ in der „Trickkiste zwei“ sind ein viel gelesener Stoff an Bord, wie viele Skipper uns mitteilten.

Hier folgt die Fortsetzung, die nicht nur Fakten zum Nachschlagen bereithält, sondern auch Grundsätzliches erläutert, was Skipper wissen sollten.

Schleppen eines Schlauchbootes

Wer ein Schlauchboot beim Sommertörn hinterher zieht, kann viel falsch machen. Vor allen Dingen dann, wenn das Schlauchboot nur eine Öse zum Schleppen am Bug hat. Die Dauerbelastung des Schleppens wird in diesem Fall das Boot buchstäblich in Mitleidenschaft ziehen.

Jeder, der schon einmal versucht hat, ein geschlepptes Schlauchboot bei fünf Knoten Fahrt an die Yacht heranzuziehen, weiß, wie groß die Zugkräfte sind. Es gilt, die Öse zu entlasten und das funktioniert am besten mit einer Hilfsleine, die am Heck des Schlauchbootes befestigt wird und dann über die Schläuche zu und durch die beiden Ruderklampen oder Haltegriffe zur Schleppöse am Bug geführt wird. Diese Leine verbessert auch den Geradeauslauf des Bootes.

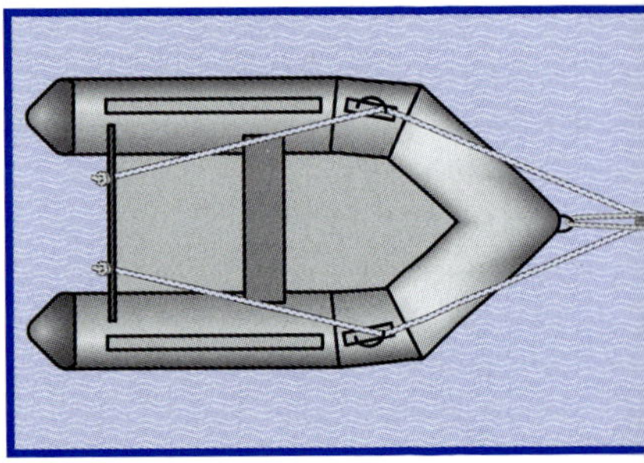

Die günstigste Schleppentfernung ist übrigens dort, wo das Boot auf der Heckwelle der Yacht ablaufen kann, es sozusagen Berg runter fährt. Dort ist der Schleppwiderstand am geringsten.

Windstärke und Segeldruck

Segler sind häufig überrascht, um wie viel stärker es bläst, wenn der Wind, wie im Seewetterbericht angekündigt, beispielsweise von fünf auf sieben Beaufort ansteigt. Die Windgeschwindigkeit nimmt dann um 70 Prozent zu – was manchen Skipper schon in Schwierigkeiten gebracht hat.

Die Grafik zeigt, wie der Winddruck mit dem Quadrat der Geschwindigkeit zunimmt und die Segelfläche verkleinert werden muss. Es ist Theorie. In der Praxis kommt es auf den Kurs zum Wind und auf die Beschaffenheit der Yacht an.

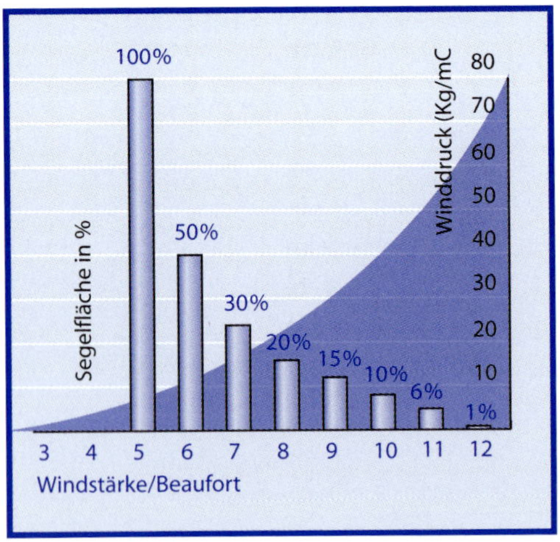

Bei kleineren Booten mit Kursen hoch am Wind wird man früher als bei fünf Beaufort anfangen zu reffen.

Wie weit reicht ein UKW-Funkgerät?

Sie breiten sich gradlinig wie Licht aus: die UKW-Funkwellen. Ihre Reichweite ist daher beschränkt. Genauso wenig wie das Licht können sich UKW-Funkstrahlen um Ecken biegen. Der optische Horizont ist deshalb auch ihre Grenze und der ist aufgrund der Erdrundung begrenzt. Das heißt: je höher die UKW-Antennen von Sender und Empfänger emporragen, um so weiter reicht ihre Sendeleistung. Zwischen zwei flachen Motorbooten beträgt die Verbindungsmöglichkeit gerade einmal zehn Meilen. Segelyachten mit hohen Masten, auf denen die Antennen befestigt sind, ermöglichen eine Verbindung von rund 25 Meilen. Von Küstenfunkstellen mit ihren hohen Antennen ist eine Verbindung bis zu 40 Meilen möglich.

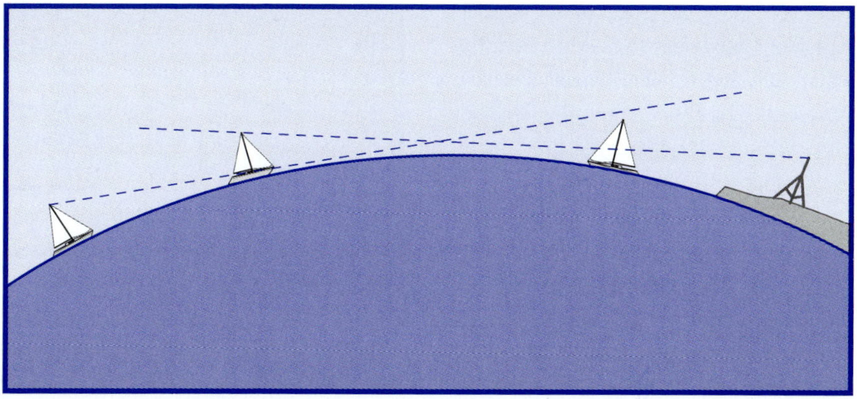

Kreditkarte für die Reparatur

Wer einmal Plastikgeld für eine praktische Gelcoat-Reparatur benutzt hat, hebt seine abgelaufenen Kreditkarten auf. Die Plastikkarten eignen sich bestens dafür, Gelcoat flächig aufzutragen. Das liegt vermutlich an den etwas abgerundeten Ecken. Sie erzeugen ganz im Gegensatz zum Spachtel kaum harte Ränder. Aber nicht vergessen: wenn die so benutzten Karten auf den Müll kommen, vorher mehrfach zerschneiden.

Wasserfeste Seekarte

Eine Seekarte gibt es immer an Bord, die fast ständig im Gebrauch ist. Das liegt ganz einfach am Revier, in dem man hauptsächlich segelt. Diese Karte kann gleichermaßen vor starker Bean-spruchung wie vor Regenwasser ge-schützt werden. Sie wird einfach eingeschweißt. Diesen Service bietet mittlerweile jeder Copy-Shop.

Leistungsüberprüfung

Eigentlich werden Motoren in Segelyachten von den Werften immer noch als Hilfsantriebe für Flautenzeiten oder für Hafenmanöver eingestuft. Viele Eigner, die einmal bei starkem Wind unter Motor gegenan gebolzt sind, merkten, dass die Motorkraft eigentlich nicht ausreicht. Bei ihren Schiffen hatte die Werft dann wohl gespart. Motorenhersteller teilen die Motorisierung einer Segelyacht in drei Stufen ein. Minimum, normal und komfortabel. Wenn für eine zehn Meter lange Segelyacht pro Tonne nur 2,5 PS Leistung zur Verfügung stehen, ist das ein Minimum. Normal ist nach Definition der Motorbauer 3,5 PS und die Komfortversion, die auch bei viel Wind von vorn genügend Schub bringt, bedeutet mehr als fünf PS pro Tonne. Diese Information der Motorenhersteller ist für alle Eigner interessant, die an den

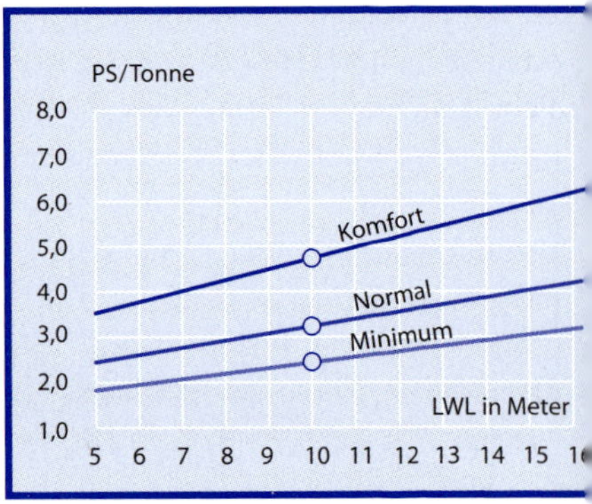

Einbau einer neuen Maschine denken oder für Eigner, die eine neue Yacht kaufen und eine Auswahl bei der Motorleistung haben.

Angelsehne gegen Vogelkot

Die mit Vollpersenning abgedeckten Boote sind anscheinend ein Lieblingsplatz für Seevögel. Das ist eindeutig an den vielen weißen Kotflecken zu sehen. Eine dünne Angelsehne, die etwa zehn Zentimeter über den First der Persenning gespannt wird, verhindert, dass die Vögel auf dem abgedeckten Boot landen können. Wenn die Abdeckplane durch besondere Stützen mehrfach geknickt ist, um Regenwasser ablaufen zu lassen, muss die Sehne mehrmals über das ganze Boot gespannt werden.

Scheinwerfer für den Bug

Das gibt es wirklich: Scheinwerfer, die in die Bordwand eingebaut werden können. Das absolut wasserdichte Buglicht ersetzt den Halogenscheinwerfer, der nachts das Anlegen in schlecht beleuchteten Häfen ermöglicht. Die neue Etap 46 der belgischen Etap-Werft präsentiert sich mit gleich zwei dieser Bugscheinwerfern. Gekauft werden kann das Buglicht in gut sortierten Yacht-Zubehörgeschäften.

Knotensicherung mit Nagellack

Um Nähte nach der Segelreparatur zu sichern, nutzen einige Segler Nagellack. Ein kleiner Tropfen des schnell aushärtenden Lacks aus dem Badezimmerschrank der Partnerin verhindert, dass sich die Naht wieder lösen kann. Nagellack, ob weiß oder rot, eignet sich jedoch auch zur Sicherung von Taklingen an Fallen und Schoten. Nimmt man die rote Farbe, kann mit einem Bick erkannt werden, ob der Takling noch hält. Rot fällt auf. Für die Segelnähte ist es empfehlenswert, weißen oder durchsichtigen Nagellack zu nutzen.

Frostschutz durch Wodka

Um das Trinkwassersystem im Winterlager vor Frost zu schützen, nutzen einige Eigner billigen Wodka oder Korn. Nachdem das Wasser abgepumpt wurde, kippen sie eine Flasche Alkohol in den Tank und pumpen noch einmal bis der Wodka aus dem Hahn läuft. Im Frühjahr wird der Rest abgepumpt, Tank und Leitungen ein bis zweimal gespült und dann sind sie wieder für die Saison einsatzfähig – ganz ohne Wodkageschmack.

Schleusentricks

Möglichst viele Fender und zwei lange Festmacher sind die Grundausrüstung für sorgloses Schleusen. Dabei muss sich die Crew beim Aufwärtsschleusen anders verhalten, als wenn das Wasser in der Schleusenkammer sinkt. Geht es abwärts, sollten die mit einem Ende am Boot festgemachten Bug- und Heckleinen aus der Hand von jeweils einer Person an Bug und Heck gefiert werden. So muss auch niemand nach abgeschlossenem Schleusengang an Land, um die Leinen vom Poller zu nehmen. Geht es aufwärts ist es am günstigsten, die Heckleine zu belegen und die Bugleine ins Cockpit und hier über eine Winsch zu führen. Die Leinen sollten per Hand bedient werden. So ist es möglich, dass das Boot von einer Person im Cockpit allein sicher geschleust wird. Ein Crewmitglied kann oben auf der Kaimauer warten, und die Leinen nach dem Schleusengang vom Poller nehmen.

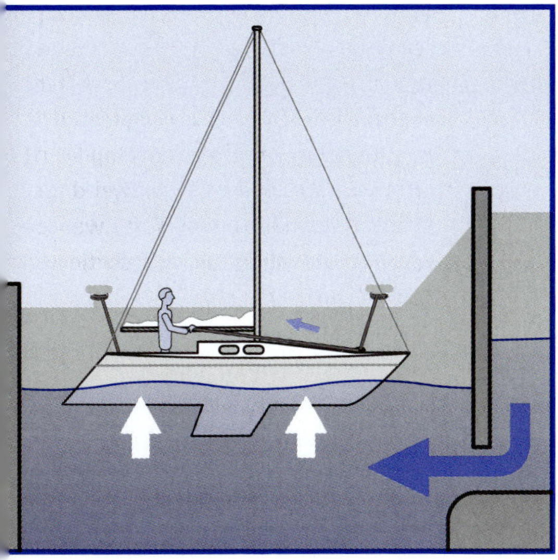

Einwegspritze als Mischmaschine

Flüssige Zwei-Komponenten-Produkte wie Epoxy müssen im genau Verhältnis gemischt werden. Wenn nur kleine Mengen benötigt werden, eignet sich eine preisgünstige Einweg-Kunststoffspritze bestens als Mischmaschine. Ihre aufgedruckte Maßeinteilung macht es einfach. Kleber drei Teile, Härter einen Teil. Die Mengen können sehr gut an der Spritze abgelesen werden, wenn man die Komponenten einsaugt. Dafür darf natürlich nicht die Nadel eingesetzt werden. Wenn die Komponenten zu dickflüssig sind, wird einfach die Einsaugöffnung vergrößert. Diese Öffnung muss dann geschlossen gehalten werden, wenn man die Komponenten durch Schütteln mischt.

Weniger Seed bei achterlichen Winden

Die Geschwindigkeit einer Kielyacht ist kursabhängig. Ein 90-Grad-Kurs am Wind ist in der Regel der Kurs für die optimale Segelgeschwindigkeit. Bei anderen Kursen reduziert sich dieser Speed folgendermaßen:

- bei 40 Grad hoch am Wind um rund 20 Prozent,
- bei 45 Grad um rund 14 Prozent,
- bei 135 Grad (raumer Wind) um etwa 8 Prozent und
- bei reinen achterlichen Winden (180 Grad) um rund 20 Prozent.

Kleines Tauwerk-Lexikon

Dyneema | Polyethylen-Faser mit hohem Bruchlastfaktor und geringer Dehnung. Anwendung: Fallen und Schoten

Plyamid (PA) | Gute UV-Beständigkeit. Knotenfestigkeit beträgt etwa 65 Prozent der Bruchlast. Festigkeitsverlust durch Feuchtigkeit bis zu 10 Prozent. Anwendung: Festmacher.

Polyester (PES) | Sehr gute UV-Beständigkeit, keine Festigkeitsverluste durch Feuchtigkeit. Anwendung: Als geschlagenes Festmachertauwerk und als Mantel-Kerngeflecht für Schoten und Fallen.

Polypropylen (PP) | Nur mit UV-Stabilisator lichtbeständig, keine Wasseraufnahme. Tauwerk schwimmt. Knotenfestigkeit rund 55 Prozent. Anwendung: Festmacher und leichte Schot.

Spectra | Amerikanischer Markenname für Dyneema

Vectran | Hochfeste Faser aus modifiziertem Polyester. Bruchlast und Dehnung ähneln denen von Dyneema. Vectran ist jedoch um 40 Prozent schwerer. Anwendung: Fallen

Zylon | Markenname PPO. Leine mit sehr hoher Bruchlast, bis zu viermal höher als Dyneema. Wird auf High-Tech-Yachten auch als Want eingesetzt.

Die Mittelmeerwinde

Bochorno | Schwüler Wind. Es handelt sich meist um eine Schirokkolage.

Bora | Fallwind an der Dalmatinischen Küste, wenn kalte Kontinentalluft die Adria erreicht. Die Böen können 12 Beaufort erreichen. Man unterscheidet zwischen zyklonaler (Tiefdruck) Bora (bora scura) mit Wolken und Regen sowie antizyklonaler (Hochdruck) Bora (bora chiara). Die antizyklonale Bora ist an der Küste sehr intensiv, erstreckt sich aber nur über eine kurze Distanz auf See hinaus.

Cers | Name für den Mistral in Katalonien, Narbonne und in Teilen der Provence. Er ist im Winter kalt, im Sommer warm. Die Böen erreichen oft 10 Beaufort.

Cilli | Ein warmer trockener Fallwind in Tunesien, ähnlich dem Schirokko.

Chortiatis | In der Bucht von Thessaloniki herabwehende Fallwind.

Cierzo | Spanische Bezeichnung für den Mistral im unteren Ebrotal. Er tritt hauptsächlich im Herbst und im frühen Winter auf. Vergleiche Cers.

Criador | Regen bringender Westwind in Spanien.

Emvatis, (Embatis) | Täglicher Seewind in der warmen Jahreszeit an den Küsten Griechenlands.

Etesien | Die im östlichen Mittelmeer, speziell in der Ägäis, im Sommer vorherrschenden nördlichen Winde. Der Maestro in der Adria entspricht diesem Windsystem.

Forano | Ein Seewind bei Neapel.

Furiani | Starke Böen vor der Po-Mündung.

Gallego | Kalter nordwestlicher Wind oder nördlicher Wind in Spanien und Portugal.

Garbé | Seewind an der katalonischen Küste.

Gregale | Starker Nordostwind im zentralen und westlichen Mittelmeer. Er entsteht bei hohem Luftdruck über Mitteleuropa beziehungsweise dem Balkan und einem Tief über Libyen und kann mehrere Tage andauern.

Khamsin | Heißer und staubiger Wüstenwind in Ägypten und über dem Roten Meer.

Levant | Französische Bezeichnung für einen Ost- bis Nordostwind.

Levante | Spanische Bezeichnung für einen Ost- bis Nordostwind zwischen Südfrankreich und Gibraltar.

Levantera | Beständiger Wind aus östlichen Richtungen im Bereich der Adria.

Leveche | Schirokko in Spanien.

Libeccio | Italienischer Name für einen Südwestwind.

Livas | Warme Fallwinde in Griechenland

Levantades (franz. Levants | Böiger Wind aus Nordost an der Ostküste Spaniens.

Lombarde | Ein östlicher Wind (aus der Lombardei) an der französisch-italienischen Grenze.

Maestral | In Spanien Bezeichnung für den Mistral.

Maestro | Nordwestlicher Schönwetterwind in der Adria.

Mamatele | Leichter Nordwestwind auf Sizilien.

Maledetto Levante | „Verdammter Ostwind", Bezeichnung des Schirokko auf Sardinien.

Marin | Warmer feuchter Südostwind an der französischen Mittelmeerküste.

Mistral | Starker bis stürmischer, böiger Nord- bis Nordwestwind, der durch das Rhonetal oder die Garonne-Carcassonne-Senke auf den Golf de Lyon vorstößt. Am häufigsten und stärksten ist er im Winter und Frühling. Er kann tagelang wehen.

Mit-Jorn | Warmer feuchter Süd- bis Südwestwind auf den Balearen.

Norte | Winterlicher Nordwind in Spanien.

Ponente | Westwind an der französischen Mittelmeerküste, auf Korsika sowie an der Küste Spaniens.

Quarnero, Kvarnero | Bezeichnung für die Bora in Istrien.

Raffiche, Refoli | Fallböen (von den Bergen) im westlichen Mittelmeer.

Les Respos | Mistralähnliche Nordostwinde an der französischen Mittelmeerküste.

Rifne | Bezeichnung für starken Sturm bei Malta.

Schirokko, Scirocco, Sirocco | Warmer Süd- oder Südostwind auf der Vorderseite von Tiefdruckgebieten.

Simoon | Ein starker, staubiger Wüstenwind in Israel, Syrien und allgemein in der Sahara sowie auf der Arabischen Halbinsel.

Solano | Regenbringender, südöstlicher oder östlicher Wind an der Südostküste Spaniens im Sommer.

Tarantala | Starke nordwestliche Brise. Landwind in Spanien.

Terral | Landwind an der spanischen Küste.

Tramontana | Kalter Nordost- oder Nordwind im westlichen Mittelmeer.

Vardar, Vardarac | Kalter nordwestlicher Wind im Vardartal (Golf von Thessaloniki).

Vendaval | Stürmischer Südwestwind an der spanischen Süd- und Südostküste.

Vorias | Winterliche, feuchtkalte Nordwinde in der Ägäis.

Sichtweite und Horizont

Wie weit ist das Leuchtfeuer oder die Küste entfernt? Mit dieser Tabelle weiß man es, wenn es auf der Seekarte Höhenangaben gibt und Licht oder die Küste über dem Horizont auftauchen.

Augenhöhe in Metern ⟶

⟵ Feuerhöhe in Metern

0	1	2	3	4	5	6	7	8
2	2,9	5	5,9	6,5	7,1	7,6	8	8,4
4	4,1	6,2	7,1	7,7	8,3	8,8	9,2	9,6
6	5,1	7,1	8	8,7	9,2	9,7	10,1	10,6
8	5,9	7,9	8,8	9,4	10	10,5	10,9	11,3
10	6,6	8,6	9,5	10,1	10,7	11,2	11,6	12
12	7,2	9,2	10,1	10,8	11,3	11,8	12,2	12,7
14	7,8	9,8	10,7	11,3	11,9	12,4	12,8	13,2
16	8,3	10,4	11,2	11,9	12,4	12,9	13,4	13,8
18	8,8	10,9	11,7	12,4	12,9	13,4	13,9	14,3
20	9,3	11,3	12,2	12,9	13,4	13,9	14,3	14,7
22	9,7	11,8	12,6	13,3	13,9	14,3	14,8	15,2
24	10,1	12,2	13,1	13,7	14,3	14,8	15,2	15,6
26	10,6	12,6	13,5	14,1	14,7	15,2	15,6	16
28	11	13	13,9	14,5	15,1	15,6	16	16,4
30	11,3	13,4	14,3	14,9	15,5	16	16,4	16,8
32	11,7	13,8	14,6	15,3	15,9	16,3	16,8	17,2
34	12,1	14,1	15	15,7	16,2	16,7	17,2	17,6
36	12,4	14,5	15,4	16	16,6	17,1	17,5	17,9
38	12,8	14,8	15,7	16,4	16,9	17,4	17,8	18,2
40	13,1	15,2	16	16,7	17,2	17,7	18,2	18,6
42	13,4	15,5	16,4	17	17,6	18,1	18,5	18,9
44	13,7	15,8	16,7	17,3	17,9	18,4	18,8	19,2
46	14	16,1	17	17,6	18,2	18,7	19,1	19,5
48	14,4	16,4	17,3	17,9	18,5	19	19,4	19,8
50	14,6	16,7	17,6	18,2	18,8	19,3	19,7	20,1
55	15,4	17,4	18,3	18,9	19,5	20	20,4	20,8
60	16	18,1	19	19,6	20,2	20,7	21,1	21,5
65	16,7	18,8	19,6	20,3	20,8	21,3	21,8	22,2
70	17,3	19,4	20,3	20,9	21,5	22	22,4	22,8
75	17,9	20	20,9	21,5	22,1	22,6	23	23,4
80	18,5	20,6	21,5	22,1	22,7	23,2	23,6	24
85	19,1	21,2	22	22,7	23,2	23,7	24,2	24,6
90	19,7	21,7	22,6	23,2	23,8	24,3	24,7	25,1
95	20,2	22,3	23,1	23,8	24,3	24,8	25,3	25,7
100	20,7	22,8	23,6	24,3	24,9	25,3	25,8	26,2

Zeichen für zunehmenden Wind

1 Wenn man mit dem Rücken zum Wind steht und hohe Wolken auf der linken Seite sieht, zieht in der Regel ein Tief mit mehr Wind heran.

2 Morgenrot bringt in der Regel mehr Wind. Die hohen, rot leuchtenden Wolken gehören zu einer Warmfront.

3 Sehr gute Sicht und aufkommende Dünung unter dem örtlichen Seegang kündigen in der Regel viel Wind an.

4 Wenn nach Sonnenuntergang oder in der Nacht auflandiger Wind einsetzt, ist es sehr wahrscheinlich, dass er sich weiter verstärkt.

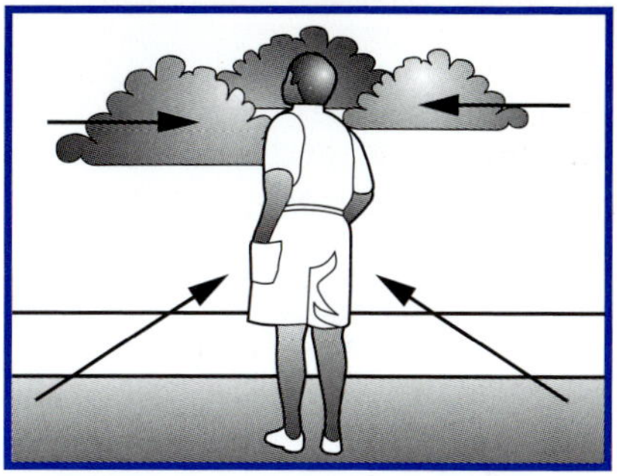

5 Wenn in der Morgendämmerung der Wind verhältnismäßig schnell aus irgendeiner Richtung zunimmt, wird es in der Regel rauh am Tag.

6 Wenn in einer Sturmlage das Barometer anfängt zu steigen, tritt oftmals nur eine Beruhigung für kurze Zeit ein. Das Barometer zeigt, dass sich die Crew im Kern des Tiefs befindet. Es wird nach einer Rechtsdrehung bald hart weiterwehen.

Windgeschwindigkeiten auf einen Blick

Stärke nach Beaufort

	= m/s	= Knoten	= km/h
0	0 - 0,2	0 - 1	0 - 1
1	0,3 - 1,5	1 - 3	1 - 5
2	1,6 - 3,3	4 - 6	6 - 11
3	3,4 - 5,4	7 - 10	12 - 19
4	5,5 - 7,9	11 - 15	20 - 28
5	8 - 10,7	16 - 21	29 - 38
6	10,8 - 13,8	22 - 27	39 - 49
7	13,9 - 17,1	28 - 33	50 - 61
8	17,2 - 20,7	34 - 40	62 - 74
9	20,8 - 24,4	41 - 47	75 - 88
10	24,5 - 28,4	48 - 55	89 - 102
11	28,5 - 32,6	56 -63	103 - 117
12	32, 7	64	118

Der Erfahrungsaustausch...

.... zwischen Seglern in Buchform war mit Band eins und zwei von „Seglers Trickkiste" sehr erfolgreich. Beim dritten Band beteiligten sich auch Skipper wieder direkt mit ihren Tipps und Tricks.
Wir rufen weiter zum Erfahrungs-austausch auf.

Ihre Tipps und Tricks für eine weitere „Trickkiste" bitte an:

Mediamaritim International
Klaus Bartels
Emilienstraße 35
20259 Hamburg
Telefon/Fax 040-43271152
Email mareteamInt@web.de
www.mediamaritim.de